AF366308

L'ENFANT

DE

LA COURTILLE.

L'ENFANT

DE

LA COURTILLE,

OU

LE CHEF DE CABALES;

Par *Asinus* BAUDET, du Mont-Parnasse, mur mitoyen de la Chaumière, Auteur de trois Pièces sifflées, de quinze Romans non imprimés, d'un Poëme sur l'Ennui couronné par la Société Littéraire d'Anières, etc. etc. etc.

TOME DEUXIÈME.

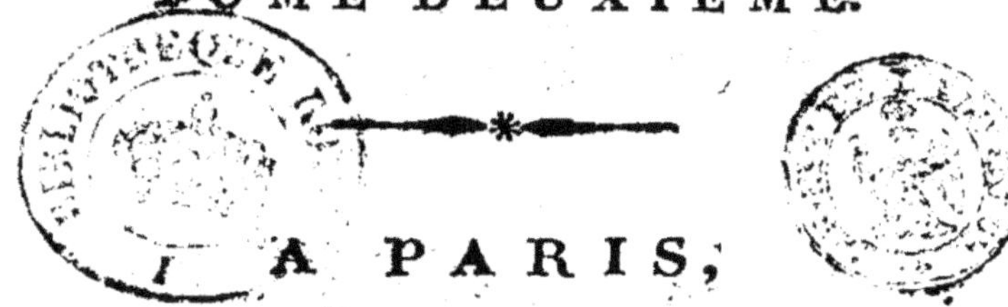

A PARIS,

CHEZ LES MARCHANDS DE NOUVEAUTÉS.

DE L'IMPRIMERIE ÉCONOMIQUE DE COULOMMIERS.

M. DCCC. X.

L'ENFANT DE LA COURTILLE.

CHAPITRE PREMIER.

Rencontre.

INITIÉ dans tous les secrets de la comédie; membre d'une association respectable, Victor est devenu célèbre; ses mains l'ont immortalisé; on ne parle plus que de Victor: Tapin, Blonin, Lenoir, Legris, Lebon, tous n'ont plus qu'un vain nom.

Tome II.   A

Leur gloire est éclipsée, et celle de Victor
s'est formée en un jour, et s'agrandit encor.

Cependant la discipline le re-
tient toujours sous les lois de
Tapin : celui-ci, qui connaît tous
les besoins des théâtres, distribue
ses forces avec un talent admi-
rable ; il voit chaque matin ce
qu'il a à faire pour le soir, les
pièces qui réclament le plus d'ap-
plaudisseurs. Victor est toujours
envoyé au poste le plus périlleux ;
et chaque fois sa présence a été
d'un tel secours pour les siens,
que jamais pièce n'a tombé : aussi,
pour récompenser ses services,
Tapin l'éleva au grade de chef
d'escouade. Dans ce poste hono-
rable, Victor s'acquit un très-beau
nom en peu de tems, et il fut
bientôt en état d'entreprendre des

succès à son compte : mais nul n'est infaillible ; le plus grand héros a son côté faible. Imbu de ses talens, Victor était persuadé qu'il n'avait qu'à se montrer pour dérouter tous les sifflemens de la capitale ; ses exploits passés l'entretenaient dans cette opinion :

Mais qui triomphe un jour, le lendemain succombe.

Il y avait près d'un mois que Victor s'était loué à deux auteurs pour faire réussir une petite pièce à grand spectacle : je dirais bien le titre de cet ouvrage ; mais il m'est échappé : d'ailleurs le nom ne fait rien à la chose. Seulement Victor vit, à la première répétition, qu'il y aurait beaucoup à travailler ; mais il se rappela ce beau vers :

A vaincre sans périls, on triomphe sans gloire.

Loin d'être rebuté par les platitudes, les inepties, les niaiseries dont cette pièce fourmillait, Victor trouva qu'il serait beau de la faire *avaler* au public (1) : il fit ses conventions, et répondit du succès. Le jour venu, Victor prend ses précautions, distribue son monde, et attend l'heure fatale aux auteurs : mais, tout en essayant ses mécaniques ; tout en examinant si son monde est sur la défensive, Victor aperçoit au premier amphithéâtre un petit minois chiffonné qu'il croit reconnaître ; il cherche à se le rappeler, sa mémoire ingrate ne seconde pas ses désirs. Cependant l'attention

____

(1) Expression très-usitée, lorsque le public laisse réussir une mauvaise pièce.

avec laquelle il a fixé cette intéressante personne , l'a fait re-
marquer. La jeune fille a rougi ,
a jeté un cri, et s'est trouvée mal.
Les voisins et les voisines se sont
empressés à l'envi de la secourir :
on la sort de l'amphithéâtre pour
lui faire respirer un air moins
concentré. Victor quitte sa place,
court au foyer, où la belle avait
été conduite ; mais qu'on se figure
sa surprise, sa joie, son délire,
s'entendant nommer, et en recon-
naissant Babet, la fille du maître
d'école de Belleville ! Un second
évanouissement priva la belle du
plaisir de voir, d'entendre, de
retrouver son amant. Victor lui
prodigue les soins les plus tou-
chans, les noms les plus tendres,
et parvient enfin, non sans peine,

à la rendre à la clarté des quin-
quets : la voyant hors de danger,
chacun regagne sa place, et laisse
Babet avec Victor. Dieu sait la
satisfaction qu'ils éprouvèrent
d'être réunis au moment qu'ils
l'espéraient le moins. Mais, se rappelant sa conduite passée, Victor
ne sait comment rompre le silence;
car, jusqu'à ce moment, leurs yeux
seuls avaient soutenu la conver-
sation. Comme nous avons une
pièce nouvelle à voir, je prie le
lecteur d'avoir la bonté de sortir
du foyer, et de courir dans la
salle reprendre la place qu'il a
quittée. On vient de frapper; l'ouverture commence, et le tems
qu'on ait fait, *st, silence, à bas
le chapeau,* l'ouverture sera jouée..
Le rideau est levé; voilà l'exposition.

CHAPITRE II.

La Pièce nouvelle.

Que, dès les premiers vers, l'action préparée,
Sans peine du sujet applanisse l'entrée.

Voilà ce que Boileau a recommandé à mes confrères les auteurs; et mes confrères se moquent de ce précepte, qui est trop sévère dans un tems où il y a disette : aussi aujourd'hui on trouve un titre, c'est le plus essentiel ; on se réunit trois, quatre, douze, s'il le faut ; on déjeûne, on écrit, on lit, et l'on vous joue; souvent l'exposition, quand il n'y en a qu'une, se trouve à la fin, le dénouement dès la première scène, et la catastrophe où elle peut : la pièce nouvelle offre la triste preuve de ce que j'avance.

Le rideau se lève; un coup de canon, un demi-orage surprennent agréablement le spectateur, et le disposent à la gaîté : une espèce de brigand vient chanter sur l'air de Joconde les remords qui le pressent; un prince malheureux et une jeune bergère viennent se parler de leurs amours, sans nous dire où et comment ils se sont connus ; ils s'épousent de suite : le père, la mère, les frères, les cousins, les voisins de l'épousée arrivent en chantant :

HEUREUX époux,
D'un nœud si doux
Goûtez l'ivresse :
Vertus, sagesse,
Valent bien mieux que la richesse.

Ensuite on met le couvert; l'on mange, et les chants recommencent: mais, soit que ce jour-là le public détestàt la gastronomie, ou que son appétit ne fût pas satisfait du repas qu'il avait devant lui, ou qu'il ne voulût pas mordre aux dindes en cartons, aux fruits en cire, aux vins faits avec de l'eau de groseille, et aux lapins en faïence, il eut la témérité de manifester son mécontentement; il passa ensuite aux murmures, et du murmure aux sifflets. Les amis des auteurs, joints aux manœuvres, cherchent à couvrir les improbations; mais leur zèle maladroit excite encore l'orage: ils se troublent, regardent, cherchent Victor. A la sécheresse des applaudissemens, il sont bien assurés

que leur chef les a abandonnés.
La confusion se met dans les mains;
l'*explosion* ressemble à peine à
un *renforté*; bientôt les loges et
le paradis font chorus avec le
parterre: c'en est fait de la pièce;
un prodige seul peut la sauver du
naufrage;

Et Victor, et Victor, pour un moment
    d'amour,
Va perdre son renom et sa gloire en un
    jour.

Cependant la commotion est
telle que les vîtres du foyer en
ont été agitées. Babet racontait
à son amant par quel événement
elle était venue demeurer à Paris
chez madame Frivolet, marchande
de modes, rue des Vertus......
En ce moment un sifflet aussi per-
çant que le sujet de la pièce vient

frapper l'oreille de Victor Il pâlit, croit que c'est une illusion; mais un second coup lui annonce l'événement: Ah! malheureux, s'écrie-t-il, je suis déshonoré. — Qu'as-tu, cher amant? — Entends-tu ces sifflets? — Eh bien? — Ils annoncent ma honte. — Serais-tu l'auteur de la nouvelle pièce? — Plus que cela; je m'étais chargé de la faire réussir.... Mais le bruit double; il faut que j'aille où le danger réclame ma présence. — Quoi! tu me quittes? — Pour un moment.

Je vais par cent bravos étouffer ce sifflet,
Et le reste du jour sera tout à Babet.

A ces mots il s'élance dans la salle; mais le plus fort de l'ouvrage était fait. Les efforts de Victor ranimèrent ceux de ses

gens; ils combattirent des mains
avec un courage vraiment héroïque. Hélas! ce fut inutilement. Malgré les trépignemens
des pieds, les claquemens redou-
blés, les cris, silence, à bas la cabale, les acteurs furent forcés de
se retirer; et le rideau tomba, à
la honte des uns et à la satisfaction
des autres: pour Victor, honteux
de cette chute, il regagna au plutôt le foyer, et sortit avec Babet.

CHAPITRE III.

Qui ressemble à tout.

VICTOR était dans la rue; il tenait Babet par le bras, et le bruit des sifflets retentissait encore à ses oreilles. Babet fit toutes sortes d'efforts pour distraire sa pensée d'un sujet aussi triste; elle lui fit les plus douces caresses; *le son angélique de sa voix toucha sensiblement son ame :* Oui, oui, tu as raison, dit-il à Babet; le mal est fait, mais n'est pas sans remède. Nous comptons au théâtre vingt pièces sifflées, et que l'on joue encore : ne pensons qu'au plaisir qui nous agite. Mais tu ne m'as pas dit si ton père était encore du monde ; s'il tenait toujours son école ; s'il était enfin revenu de son farouche entêtement. Babet répondit aux questions de Victor avec une précision, une clarté qui prouvaient qu'elle n'avait pas été élevée pour faire des bonnets. Victor eut donc la satisfaction d'apprendre que Précis n'était pas à se repentir d'avoir agi avec tant de promptitude ; qu'il avait fait plusieurs voyages à Paris pour découvrir les traces de Victor. Eh bien ! s'écria celui-ci ; il me verra ; j'avouerai la faute que j'ai commise ; mais je lui prouverai

Qu'on n'est point criminel pour avoir des faiblesses.

Chère Babet , il m'en coûte cher pour t'avoir retrouvée en ce jour ! Mais si je perds du côté de la gloire, je gagne du côté de l'amour.

Victor allait continuer, lorsque Babet lui montra la maison qu'elle habitait. Comme madame Frivolet était sévère sur l'article de l'honneur , elle eût été scandalisée en voyant une de ses demoiselles de boutique avec un jeune homme rentrer à pareille heure. Victor remit au lendemain la visite qu'il voulait faire à madame Frivolet: un tendre baiser fut le prix de la promesse qu'il fit.

CHAPITRE IV.

Madame Frivolet.

Agité par deux sentimens bien contraires, la joie et le chagrin, Victor gagne son humble réduit. L'image de Babet le suit; il se rappelle ses premières années; il la voit encore lui donnant les premières notions de l'éducation: Quelle ivresse! quel ravissement! Victor trouve la compagne de ses premiers jeux, celle qui est peut-être destinée par le Ciel à lui fermer un jour les yeux: que sait-on? *Précis n'est pas à se repentir d'avoir agi si inconsidérément,* a dit Babet. Que cette assurance

est douce ! Victor est aux anges :
mais soudain il se rappelle le triste
événement de la soirée. De quel
œil osera-t-il envisager ses illus-
tres compagnons ? Que vont dire
Tapin, Blonin, et les auteurs
tombés ? .... Après bien des ré-
flexions, Victor finit par prendre
son parti, et à attendre le jour
pour éclaircir le fait.

Comme il s'y attendait, les
auteurs s'en prirent à lui d'être
tombés la veille. Il soutint que
son monde avait fait son devoir,
et appaisa les auteurs plaignans,
en les assurant qu'à la seconde
représentation la pièce irait d'em-
blée. L'événement justifia le fait ;
et le succès, qui surprit tout le
monde, sauva Victor des reproches que lui avait mérités son
inconséquence.

Libre de tous soins, Victor put donner plus de tems à l'amour. L'aisance avec laquelle il s'était présenté chez madame Frivolet ; son air honnête, et les billets de spectacle qu'il lui portait tous les jours, lui gagnèrent l'estime et l'amitié de cette dame. Elle complimenta Babet d'avoir pour amant un homme aussi galant et aussi *versé* dans la bonne société, et promit de s'intéresser pour eux auprès de Précis. Depuis ce jour, Victor eut le plaisir de voir continuellement sa Babet, de l'assurer de la durée de ses sentimens, et de la perfectibilité de son amour.

Cependant, fidèle à son devoir, Victor ne négligea pas la renommée ; il semblait, au contraire, plus dévoué que jamais aux intérêts des auteurs. Aussi plus de chutes ; tout était bon ; c'était un concert unanime de louanges , d'applaudissemens qui nous auraient forcés de croire qu'on avait enfin trouvé d'autres Racine ; d'autres Molière, sans l'entêtement des directeurs qui soutenaient insolemment que ces chefs-d'œuvre nouveaux ne rapportaient rien à la caisse.

Victor vécut ainsi pendant plusieurs mois , passant son tems à faire l'amour et à consolider des réputations littéraires. Madame Frivolet avait écrit à Précis pour l'instruire de ce qui se passait à Paris. Quoique plus calme, Précis n'était pas entièrement revenu de sa prévention contre Victor ; cependant le témoignage qu'en ren-

dait madame Frivolet était tel,
qu'il fallait se rendre : c'est ce
que fit Précis. Comme ses infir-
mités ne lui permettaient pas de
se déranger de chez lui, il auto-
risa madame Frivolet à surveiller
cette affaire : mais elle ne voulut
rien entreprendre, sans avoir
conduit, avant tout, les jeunes gens
à Belleville, et avoir réconcilié
entièrement Victor avec son beau-
père futur. Rien n'était plus mo-
ral que la conduite de madame
Frivolet; et j'en suis d'autant plus
satisfait, qu'il y a nombre de mauvais plaisans qui disent de ces
dames, que leurs cœurs sont aussi
légers que leurs ouvrages: et cette
marchande de modes a fait men-
tir ces messieurs, qui se croient,
pour la plupart, *omniperiti*.

CHAPITRE V.

Un peu plus divertissant que le précédent.

PRÉCIS avait enfin consenti à une entrevue. Victor, madame Frivolet et Babet, devaient se rendre un dimanche au Petit-Moulin : mais les vicissitudes de la vie sont telles, qu'il n'est pas possible de répondre de soi dans la moindre circonstance. Victor était sûr de lui. Babet était bien certaine d'être aimée de Victor. On était au jeudi qui précédait le dimanche attendu ; un événement imprévu changea tout. Le soir, en rentrant chez lui, Victor reçut un billet conçu en ces termes :

« On annonce pour samedi le
» début d'une jeune actrice qui
» vient de Montargis ; elle a des
» prôneurs , une cabale montée,
» qui prétend disputer la palme à
» Victor. Je ne fixe point la ré-
» compense , si Victor parvient à
» faire siffler la débutante ; mais
» il peut tout attendre de celle qui
» se dit pour la vie, *sa dévouée* ,

  » Élisa DE CHANTENVILLE. »

La lecture de ce billet jeta
Victor dans un ravissement difficile à décrire. Mais il faut dire
un mot de la personne qui avait
écrit ce billet , pour justifier la
joie de Victor. Mademoiselle de
Chantenville jouait les premiers
rôles et les ingénuités depuis dix
ans au théâtre de ***. Accoutumée

à faire la loi aux directeurs, M.lle Élisa n'avait pas voulu permettre qu'une autre débutât dans son emploi. Je dois avouer à sa louange qu'elle remplissait ses rôles avec un talent supérieur ; mais n'ayant point de rivale qui pût lui donner de l'ombrage, mademoiselle Élisa était aussi capricieuse que jolie : elle jouait lorsqu'elle le voulait , se donnait pour malade lorsqu'elle avait quelque partie de campagne ; et le public , toujours bénévole , applaudissait mademoiselle Élisa , alors même qu'elle lui manquait. Cependant, voyant l'autorité que mademoiselle Elisa exerçait sur eux, les directeurs se décidèrent à faire débuter la jeune actrice que le correspondant des spectacles leur adressa. Cette nouvelle procura

huit attaques de nerfs à mademoiselle Elisa : enfin, voyant que l'on
ne lui tenait pas compte de son
état, elle se décida à écrire à Victor
le billet ci-dessus. Victor était un
des plus chauds partisans de
mademoiselle Elisa ; mais comme
ses talens la dispensaient d'avoir
un applaudisseur à la semaine,
elle n'avait eu jusqu'à ce jour
aucune relation avec l'amant de
Babet. Aussitôt que Victor eut pris
connaissance du message de mademoiselle Elisa, il courut chez
elle ; elle venait de rentrer. Elle
reçut Victor avec un abandon, une
grâce, un si vif empressement, que
celui-ci ne put retenir ses trans-
ports. Il assura mademoiselle
Elisa qu'il entreprendrait tout pour
la délivrer d'une rivale qu'elle

détestait avec de si justes raisons.
Reconnaissante du zèle qu'il mon-
trait dans cette affaire, mademoiselle Elisa laissa deviner à Victor
le salaire qu'elle lui promettait : il
était proportionné à l'action. Victor voulut des arrhes ; on ne crut
pas devoir les lui refuser : il les
obtint ; vous dire en quelle valeur,
n'est pas en moi. Le marché s'étant
passé à huis-clos, il n'en est rien
venu à ma connaissance : tout ce
que je puis affirmer, c'est que
Victor était si satisfait, qu'il eût
voulu s'acquitter de suite envers
mademoiselle Elisa.

Malheureux ! qu'as - tu fait ?
Quels démons te poursuivent ?
Tu vas siffler la débutante ! Sais-
tu qui elle est ? Fuis plutôt, imprudent ! Cours au Petit - Moulin

recevoir la main de Babet : mais tu ne m'écoutes pas ; tu veux aller à ta perte....

Va donc perdre ta gloire, en ce jour funeste.

CHAPITRE VI.

Cruelle situation de Victor.

On sait quelle importance la curiosité publique a donné aux débuts des comédiennes : aussi le jour que la rivale de mademoiselle Elisa devait paraître, la salle se trouva remplie une heure avant le lever du rideau. Victor avait distribué son monde avec un talent peu commun : d'un coup - d'œil il pouvait passer en revue tous ceux que le sort avait liés au sien. Cette fois, ce n'est plus par des applaudissemens, rivaux de la foudre en courroux, que Victor doit annoncer sa présence ; il faut siffler : mais pourquoi Victor éprouve-t-il une espèce de honte à siffler une jeune débutante, dont la timidité doit marquer l'embarras qu'elle éprouve en paraissant pour la première fois sur un théâtre de la capitale ? Victor communique son trouble à ceux qui se trouvent près de lui : Toujours agir contre notre conscience ! leur dit-il. On nous fait applaudir des pièces que nous sifflerions si nous payons pour les entendre ; et aujourd'hui il faut cabaler contre une femme qui a peut-être toutes les grâces de la jeunesse. Victor, voulant bannir les scrupules qu'il éprouve, cherche des yeux la belle Elisa ; sa vue seule peut affermir les desseins qu'il doit exécuter en ce jour ; mais Elisa ne se montre pas; la toile se lève, et la débutante doit paraître à la seconde scène : il n'y a plus à s'en dédire; Elisa a trop bien payé pour être trompée dans son attente. Victor se dispose à remplir son triste ministère ; il fait signe aux siens de s'apprêter. La débutante paraît; vingt bouches vont siffler, pendant que deux cents mains donnent des témoignages d'encouragemens à cette jeune personne. Victor la fixe : O dieux ! s'écrie-t-il. Cette exclamation, qui va frapper les oreilles de ses sub-délégués, les jette tous dans un étonnement indéfinissable : ils se lèvent tous spontanément, regardent Victor.... Victor, en cet instant, cédant au sentiment qui l'entraîne, oubliant ses desseins hos-

tiles, et donnant à ses mains la
même direction qu'à son cœur,
applaudissait avec tant d'ardeur
qu'il augmenta encore la surprise
de ses gens, et finit par entraîner
de son côté ces spectateurs pares-
seux qui laissent à d'autres le soin
de récompenser l'acteur qui les
amuse. Mais quelle cause avait
donc produit un si prompt changement? Quel charme.... peut porter
Victor à trahir Elisa, à manquer
à la parole qu'il lui a donnée,
aux engagemens qu'il a pris avec
elle? Eh bien! lecteur, je dois
l'avouer : Victor en croyait à peine
ses yeux.... la débutante était ....
Rosalida! La conduite de Victor
est expliquée; mais ce qui ne l'est
pas, c'est de savoir comment cette
Rosalida, qui jouissait d'un sort

si tranquille dans sa petite maison
de la barrière de Saint-Mandé, à
pu devenir comédienne en si peu de
tems. Un hasard favorable nous en
instruira peut-être : ce que je puis
dire en terminant ce chapitre, c'est
qu'à l'exemple de Victor, tous
applaudirent comme des forcenés :
aussi jamais début ne fut plus
brillant ; il fera époque dans les
annales du théâtre. La débutante,
appelée à grands cris à la fin de
la pièce, se rendit aux vœux des
spectateurs ; et cet honneur, si
rare, *in illo tempore*, et si commun de nos jours, faillit coûter
la vie à mademoiselle Elisa. Mais
laissons - la déplorant son sort,
maudissant la trahison de Victor ,
car elle avait su qu'il avait applaudi,
et suivons un peu ce monsieur
jusques chez Rosalida.

CHAPITRE VII.

Entrevue attendrissante.

LE rideau est à peine baissé que Victor est déjà sorti du parterre. Il court au théâtre... ; mais Rosalida est entourée de flatteurs, d'admiratrices, qui s'empressent à l'envi de la complimenter. Victor a peine à modérer son impatience : mais la décence, l'usage veulent qu'il se contienne. Enfin, excédée des complimens qu'on lui adresse, et qu'elle sait être faux pour la plupart, Rosalida se dérobe à la foule et va dans sa loge. Victor la suit ; mais, près d'aborder celle qu'il cherche avec tant d'empressement, il se sent retenu comme

malgré lui... : il hésite, tremble,
craint, sans pouvoir pénétrer la
cause de cette subite révolution.
Soudain il s'entend nommer; il
tourne la tête; et la vieille Aldegonde, la domestique de Rosalida,
frappe ses yeux : il se jette dans
ses bras; on dit même qu'il versa
quelques larmes. Aux cris que
jetait la vieille, car Victor la
pressait un peu fortement, Rosalida accourt : l'aspect de Victor
la fait tomber sur un canapé.
Victor quitte Aldegonde, et se
jette aux genoux de sa chère
protectrice; il lui baise les mains,
les mouille de pleurs, et lui dit :
Est-ce bien vous que je retrouve?
La voix lui manque; il ne peut
continuer, et le silence le plus élo-
quent succède à ces sensations déli-
cieuses!!! B 2

CHAPITRE VIII.

Quelle douce surprise !

Victor était resté aux genoux de Rosalida ; celle-ci sur son canapé ; la vieille Aldegonde près de la porte : tous trois seraient restés long tems dans cette position, tant la sensation avait été forte ; mais Aldegonde, qui, par droit de nature, avait la raison plus froide que Victor et Rosalida, les fit revenir de l'extase où tous deux étaient. Revenus à eux, ils allaient entamer le chapitre des questions, des regrets causés par une séparation brusquée : mais la prudente Aldegonde observa à sa maîtresse qu'elle n'avait pas encore quitté son costume de théâtre. L'observation était sensée : aussi, pour laisser à Rosalida la facilité de se dépouiller de ses habits, et reprendre ceux de la ville, Victor passa dans une autre pièce.

Lorsqu'une femme cherche à plaire, on sait combien elle donne de tems à sa toilette ; cette réflexion aurait dû effrayer Victor, s'il avait été à même de donner une pensée à tout autre objet. qu'à celui qui l'agitait. Heureusement que Rosalida n'avait pas besoin de faible secours de l'art pour charmer : aussi se montra-t-elle aux yeux de Victor au moment qu'il était loin d'espérer

un pareil bonheur. On fit avan-
cer une voiture de place ; l'on
monta dedans, et les chevaux, quoique lents par tempérament et par
habitude, franchirent avec une vî-
tesse étonnante l'espace qu'il y
avait entre le théâtre et la maison de Rosalida. Mais quelle fut
la joie de Victor en se retrou-
vant dans cette même maison
où il avait été accueilli avec tant de
bontés! Rosalida jouit de la douce
surprise quelle causait à son jeune
ami. On servit un souper simple,
mais qui avait un grand prix pour
Victor, puisqu'il le partageait avec
Rosalida. Le plaisir que tous deux
éprouvaient porta Victor à de-
mander à Rosalida quel sujet lui
avait fait abandonner sa vie pai-

sible , pour courir la carrière
difficile du théâtre. Rosalida le
regarda tendrement, et commença
de la sorte le récit de ses aventures.

~~~~~~

CHAPITRE IX.

Comme on les joue!

JE ne vous entretiendrai pas, mon cher Victor, des événèmens de mes premières années : je me rappelle en avoir écrit les principaux faits, et il ne m'est pas permis de douter qu'ils ne vous sont pas connus, puisque le papier dépositaire de mes secrets a été trouvé dans votre chambre lors de votre départ. Je ne prendrai donc mon récit que du jour où vous me vîtes rentrer, pâle, hors de moi, et la tête tout-à-fait exas-
~~~~~~

pérée (1). Mon état vous causa de mortelles alarmes : mais figurez-vous quelle dut être ma frayeur....! J'allais tous les matins respirer l'air dans le petit bois contigu à ma maison. Le jour où le plus abominable projet fut conçu pour m'effrayer, je me promenais, un livre à la main, et je réfléchissais au moyen de vous faire recouvrer l'amitié de vos parens. Soudain de longs gémissemens viennent frapper mon oreille; je m'arrête, j'écoute, les gémissemens redoublent. Croyant que c'est quelque malheureux qui réclame les secours de la pitié, je cours : mais de quelle terreur ne fus-je pas atteinte, lorsqu'au

____

(1). Chap. XVII, tom. I.

détour d'une allée j'aperçus un
spectre affreux! Je jette un cri;
je fuis ce lieu redoutable; il
me poursuit : le bruit des fers
dont il est chargé ajoute à l'hor-
reur que j'éprouve. Enfin le ciel
a pitié de moi; je parviens à ga-
gner ma maison : mais, en tom-
bant dans vos bras, je perds
l'usage de mes sens ; et quand
mes yeux se rouvrirent à la lu-
mière, Aldegonde m'apprit que
vous étiez disparu. — Hélas! dit
Victor, ce spectre épouvantable
qui vous est apparu dans le bois,
est le même, sans doute, qui
m'a contraint à fuir de chez vous
la nuit même. — Vous avez deviné juste, mon cher Victor, car
il me l'a avoué quelque tems

après. — Comment! ce spectre vous a parlé? — Oui, mon cher; et vous allez apprendre combien il se riait de votre simplicité, et de la faiblesse de ma raison.

~~~~~~~~~~~~~~~~~~~~~~~~~~~~~~~~~~

CHAPITRE X

Saint-Léger.

Vous avez vu l'impression terrible que ce spectre avait faite sur moi; j'imagine aisément quel dut être votre effroi en le voyant la nuit entrer dans votre chambre. Eh bien! mon cher, voilà comme il faut se méfier des apparences... car ce spectre épouvantable n'était autre que Saint-Léger. Saint-Léger! s'écria Victor. Lui-même, reprit Rosalida. A force de soins, de persévérance, il était parvenu à découvrir ma retraite: mais, vous le dirai-je; ayant su le tendre at-
~~~~~~~~~~~~~~~~~~~~~~~~~~~~~~~~~~

lâchement que je vous portais ;
ayant su que je vous avais donné
l'hospitalité, il conçut d'injurieux
soupçons ; il douta de mon cœur,
et cessa de m'estimer. Cependant,
soit caprice, soit qu'il crût son
amour-propre offensé, il résolut
de vous bannir de chez moi : mais
il voulut le faire sans paraître,
et son génie inventif lui en four-
nit bientôt le moyen. Le tems
que vous êtes demeuré chez moi
vous a fait connaître ma faiblesse,
et l'extravagance de mes idées.
Je n'ai vu, s'écria Victor en lui
baisant la main, que vos bontés
et les qualités de votre belle ame.
Saint-Léger, reprit Rosalida, assuré de l'empire qu'avait sur mes
sens tout ce qui tient au merveil-
eux, prit le costume de spectre,

et vint s'offrir à mes yeux ; il vit
l'effet que produisit son aspect ; il
en craignit les suites; mais il ne put
se faire connaître: c'eût été découvrir ses desseins , et il voulait
vous éloigner la nuit même de ce
jour : il aima mieux me laisser mon
erreur et achever l'ouvrage qu'il
avait si bien commencé. Il ne lui
fut pas difficile de s'introduire
la nuit dans le petit pavillon que
vous occupiez dans le jardin : ayant
laissé la porte ouverte , lorsque
je rentrai toute troublée, il s'em-
para de la clef que j'avais laissée
dessus ; et dès qu'il vous sut
retiré, il commença son rôle: vous
savez le reste.

CHAPITRE XI.

L'Infortuné.

CE ne fut que le lendemain que je revins à moi : ma première pensée fut pour vous. Aldegonde n'osait m'avouer votre disparution; enfin, à force de la questionner, à force d'importunités, je parvins à découvrir la fatale vérité : alors j'osai vous donner les noms les plus outrageans; mais, vous croyant ingrat, je cessai bientôt de penser à vous.

Le tems, ce grand maître des destinées, effaça de mon cœur, et Victor, et le souvenir de l'affreux spectacle qui m'avait si fort troublée. Plus calme, je jetai un coup-d'œil sur le passé ; je sentis alors mes inconséquences, je me promis une conduite plus irré-prochable : mais cette résolution d'un moment fut détruite en un moment. Un soir que je respirais le frais dans mon jardin, une voix plaintive fit entendre la romance suivante :

ROMANCE

DE L'INFORTUNÉ.

VICTIME d'un injuste sort ;
Errant au sein de ma patrie ;
Au ciel je demande la mort,
Et le ciel me laisse la vie.
Mais puis-je en supporter le cours
Lorsque la fortune ennemie
Enlève à mes plus chers amours
Ma Rosélide, mon amie ?

Hélas ! quoiqu'un destin cruel
Trouble ma pénible existence,
Je bénirais encor le ciel
S'il m'avait laissé l'espérance.
Oui, je bénirais tour-à-tour
Les maux dont mon ame est flétrie,
Si, pour combler mes vœux, l'amour
Me rendait ma sensible amie.

Mais, hélas ! j'ai trop espéré ;
Rien ne peut calmer ma misère ;
Les maux dont je fus atterré
Au jour vont fermer ma paupière.
Adieu ! toi que j'idolâtrais,
Sans regrets je sors de la vie,
Puisque je vois encor les traits
De Rosélide mon amie.

La voix cessa de se faire entendre ; mais un trouble inconnu agitait mon ame : la curiosité acheva le reste. Ces doux accens, ce nom de *Rosélide*, enfin, que

vous dirai-je ? j'ouvris la porte
du jardin...; je m'avance dans la
campagne... ; un homme privé de
l'usage de ses sens s'offre à mes
regards ; je jette un cri d'effroi ;
mais la pitié succède bientôt à la
peur. L'infortuné, car c'était lui,
est conduit dans ma maison; Aldegonde lui prodigue ses soins ; il
revient à lui, et je reconnais, qui?..
Saint-Léger! O humanité! ô hasard! voilà ce que je me dis....:
mais une voix secrète fit entendre
ce mot : O imprudente!

CHAPITRE XII.

Tout s'oublie.

— La voix pouvait avoir raison, chère Rosalida. — Oui ; mais le sentiment était plus fort que la raison. — Et dans ce cas, vous écoutâtes plutôt l'un que l'autre?

— Je l'avoue. Saint-Léger était chez moi ; il était malheureux ; sa souffrance ne venait que de notre séparation ; il me le dit d'un ton si persuasif, que je le crus.. Mes soins empressés ; le calme qu'il trouva chez moi ; tout, enfin, rendit Saint-Léger à la vie. Il osa faire valoir d'anciens droits.. Il fut pressant. J'étais faible, et je l'aimais; nul alors ne pouvait contraindre mes volontés.... J'accordai tout à Saint-Léger, et une chaîne sacrée nous lia à jamais. A ce mot, Victor se leva: la surprise était dans ses yeux. Rosalida rougit; mais, reprenant un air plus, aisé elle ajouta: J'avais été faible; j'aimais Saint-Léger; il me rapportait un cœur constant, un amour sincère, pouvais-je penser au passé. Je le devais, allez-vous me dire. Eh bien! c'est lui, autant que le penchant de mon cœur, qui me firent recevoir les lois de Saint-Léger. Il était cause de ma chute ; il offrait| de réparer ses torts, et je trouvai qu'il était moins pénible d'avoir un maître dans St.-Léger, qu'un juge implacable dans tout autre époux. C'est ainsi que je voyais, et je me serais crue infaillible dans mon opinion, si Saint-Léger ne s'était appliqué à me désabuser. A peine étais-je engagée, que je fus forcée de sacrifier une portion de ma fortune pour le libérer envers ses créanciers. Ce premier soin rempli, il me conduisit à Lyon; car, depuis notre séparation, il avait été obligé de suivre la carrière du théâtre. Les succès nombreux qu'il obtint le gonflèrent d'orgueil; et j'avoue, à ma honte, que je ne pus me défendre de partager les travaux et la gloire de mon époux. Je débutai, et j'obtins à Lyon les mêmes succès qu'aujourd'hui : les vers, les couplets, les cou-

ronnes me venaient de toutes parts;
et je puis dire ne les avoir jamais payés, comme beaucoup de
mes camarades l'ont fait. Après
huit débuts, le directeur m'en-
gagea; et, grâces à mes appoin-
temens, à mon revenu, Saint-Léger se vit à même de satisfaire
son goût pour la dépense. Sa pros-
périté dura peu : une infidélité
dont il se rendit coupable envers
moi fut la cause de sa mort. Ap-
pelé en duel par l'amant de ma
rivale, Saint-Léger reçut un coup
d'épée, et mourut quelques jours
après. Affligée de cette perte, je
me décidai à revenir habiter cette
maison : mais, voulant de nouveau
essayer mes faibles talens sur un
théâtre plus vaste, je demandai
et obtins la permission de jouer

à Paris. Je connaissais d'avance les intrigues de mademoiselle de Chantenville : mais, comptant plus sur les spectateurs éclairés que sur ces connaisseurs imberbes qui se font les arbitres de nos destinées, je ne laissai pas que de persister. Mais c'est à vous seul que je dois mon succès. Satisfaite en ce moment, je renonce pour jamais à la comédie et au monde. Les épreuves par lesquelles j'ai passé m'ont rendu la raison : le peu de bien que je possède suffit à mes besoins et à ceux des autres ; et si, un jour, l'envie de publier mes aventures vient me séduire, je pourrai intituler mon livre : *La Folle corrigée.*

CHAPITRE XIII.

L'Attente.

Il était tard; Victor, qui aimait assez ses vieilles habitudes, se retira dans son pavillon, et y dormit avec une volupté enchanteresse. Cependant il ne faut pas oublier que c'est un samedi que Rosalida débuta; que le lendemain, dimanche, madame Frivolet doit conduire Babet et son amant au Petit-Moulin, où Précis doit se trouver : ce dimanche est arrivé. Babet se lève; guidée par le plaisir, elle s'habille simplement, mais avec plus de recherche que

de coutume.... La matinée lui
paraît longue. Elle est d'une impatience... Il faut attendre cependant. Madame Frivolet la raille;
mais madame Frivolet, qui a
aimé plusieurs fois dans sa vie,
excuse l'impétuosité de Babet.
Toutes ces allées, ces venues, ces
pour-parlers, occupent la matinée,
*et le tems passe sans qu'on y
pense.* Enfin madame Frivolet tire
sa montre d'argent... Une heure
est sonnée. Surprise du retard de
Victor, elle regarde Babet, et Babet regarde si son amant vient ;
mais elle regarde inutilement ;
elle va, une fois, deux fois ;
trois, quatre, cinq, six, sept,
huit, neuf, dix, vingt, trente fois :
pas de Victor. Et madame Frivolet de dire : *Il ne vient pas,*

qu peut-il être? Et Babet de répondre, le cœur gros, la larme à l'œil :

Hélas! hélas!
Le bien-aimé n'arrive pas.

Cependant l'heure presse; on dîne à deux heures; Précis attend; il faut se décider à partir. On fait une réflexion : Victor s'est peut-être rendu au Petit-Moulin. Ce faible espoir soutient le courage de Babet; elle part pour le rendez-vous, aimant à se faire illusion et chassant loin d'elle toute idée d'infidélité.

CHAPITRE XIV.

Il pense à Babet.

Victor sortit de son pavillon au moment que Rosalida entrait dans le jardin. Rosalida avait conté la veille ses aventures à son jeune ami; mais il ne lui avait pas conté les siennes; et Rosalida désirait connaître les événemens qui lui étaient arrivés depuis leur séparation. La matinée était belle; l'air pur du matin, le gazouillement des oiseaux, le parfum des fleurs, offrent bien des attraits à des cœurs sensibles, et aident beaucoup un narrateur. Victor

C 2

remplit sa tâche avec une grâce toute particulière. Rosalida vit avec plaisir combien son jeune ami s'était formé dans l'usage de parler, et cependant Victor avait été embarrassé ; car, dans le récit qu'il avait fait, il n'avait pas jugé à propos de parler de Babet. De là, l'embarras, la confusion ; et il avait fallu un très-grand talent pour paraître correct : ce fut vers la fin de son discours qu'il se rappela Babet, et le rendez-vous donné à Précis. Mais il était déjà tard ; Victor ne savait quel prétexte donner à Rosalida pour tenir la promesse qu'il avait faite à Babet. C'était un dimanche ; l'intérêt des auteurs n'exigeait pas sa présence au théâtre, puisque ce jour est entièrement destiné aux bons Parisiens, qui ne vont qu'une fois la semaine au spectacle : enfin, d'incertitude en incertitude, d'irrésolution en irrésolution, l'heure assignée se passa; Victor resta avec Rosalida, et Babet et madame Frivolet dînèrent seules avec Précis.

CHAPITRE XV.

Nouvel Embarras.

On se mit à table. Victor (car c'est de lui que j'entretiens les lecteurs en ce moment), Victor, tout en savourant un dîner exquis; tout en s'enivrant de la présence de Rosalida, cherchait dans sa tête quel prétexte il pourrait alléguer le lendemain pour se justifier près de Babet. Mais il est rare qu'on trouve des projets valables lorsqu'on est à table : le génie est rétréci par l'action du manger ; les idées ne sortent guères du cercle que Comus a tracé; et l'es-

tomac qui s'emplit empêche le cer-
veau de s'exhaler : aussi un ancien
a dit :

Rome était en repos quand Tibère était
....

Victor se leva sans avoir trouvé
une justification honnête ; mais il
remit au lendemain le soin de la
trouver. Au lendemain, voilà les
hommes ! Imprudent ! on te pleure
en ce moment, demain on te
détestera. L'après - dînée était
belle ; Rosalida témoigna l'envie
qu'elle avait d'aller se promener ;
Victor ne pouvait se défendre
d'accompagner sa belle amie ; on
fait un peu de toilette ; on sort ;
et, appuyée sur le bras de son
cavalier, Rosalida prend, sans y
penser, le chemin de la forêt.
— Pourquoi sans y penser ? — J'ai

dit, sans y penser, car Rosalida n'était occupée que du sort de son jeune ami ; comme on le pourra voir dans le quatre ou cinquième chapitre suivant. En marchant, on arrive. Rosalida et Victor se trouvèrent précisément à ce carrefour du bois, où un an ou dix-huit mois avant, et à pareil jour, le fils de Jérôme avait été accueilli par la veuve de Saint-Léger. En ce moment, le même sentiment les agite tous deux : ils s'arrêtent, se regardent, soupirent, et poussent un *hélas !* qui troubla les dryades, les faunes, et tous les messieurs et demoiselles qui habitent les bois. Cet *hélas !* n'était pas déplacé ; il marquait la reconnaissance de l'un, et la joie que l'autre éprouvait en se rappelant l'action qu'elle avait faite. C'est ici, dit Victor, que le Ciel favorable daigna de mes malheurs...; mais au milieu d'un bois, un dimanche, il n'est pas permis de parler comme on veut. Victor en était à *mes malheurs*, lorsqu'il aperçoit une société qui s'avançait vers lui : cette société était composée de deux femmes et d'un homme. Victor reste la bouche entr'ouverte, Rosalida le fixe, et croit que l'excès du sentiment l'empêche d'achever. Mais, lorsqu'il n'est plus permis à Victor de douter, il pâlit, et s'écrie : Fuyons! Fuir! reprend Rosalida surprise de ce mot : et pourquoi fuirions-nous ?.... Non, non, dit à son tour l'homme de la société que Victor avait reconnu ; ne fuyez pas ; c'est à nous à vous

laisser la place libre. Infâme! n'é-
tait-ce pas assez de m'avoir trompé
une fois? Si je n'écoutais que ma
colère, cette canne, à l'instant, la-
verait mes affronts : et le bonhomme, de se mettre en mesure
de frapper, et les deux femmes de
l'arrêter; et le bonhomme, de se
débattre, de crier : Laissez-moi
faire, laissez - moi faire; il faut
que la *canne aille*; il faut que je
punisse ce drôle qui vient ici
nous braver avec cette effrontée.
Le canon qui porte la mort dans
un bataillon; la bombe qui crève
dans une redoute; le tonnerre qui
tombe au milieu des moissonneurs
rassemblés sous un chêne, sont
encore moins prompts que la colère que ce mot, *effrontée*, al-
luma dans le sein de Victor. Il

s'élance sur Précis (car le lecteur a bien vu que ce ne pouvait être que lui) ; il s'élance sur Précis, dis-je ; mais madame Frivolet et Babet, aussi lestes que lui, lui barrent le chemin : Arrête ! s'é-crient - elles ensemble, il est

son
mon } père !

· Se voyant arrêté dans son ex-pédition, il ne reste à Victor que l'usage de la parole : aussi, pre-nant un ton tragique : Insolent vieillard, lui dit-il (en montrant Babet),

Vas, rends grâce au destin de ce qu'elle est ta fille.

Tant que tes reproches n'ont été dirigés que contre moi, tu as pu juger de ma modération, de mon respect; mais, lorsque tu attaques la vertu, je n'ai plus vu en toi qu'un vieux téméraire dont la morgue méritait un châtiment. Victor était en trop beau chemin pour s'arrêter; mais l'action du vieillard et ses cris avaient attiré tous les oisifs, les curieux, les promeneurs, les gardes champêtres, et les chiens des environs. Madame Frivolet et Babet emmenèrent Précis; Rosalida allait se trouver mal à la vue de tant de monde. Comme personne n'était instruit au juste de l'affaire, chacun lui donna le sens qu'il jugea à propos. Qu'est-ce que c'est que ça? — Qu'y a-t-il là? — Est-ce un voleur? — Qu'a donc ce jeune homme? — Cette dame se trouve-t-elle mal? Voilà les questions.

que firent ceux qui venaient grossir la masse des spectateurs. Les uns riaient, les autres blâmaient; ceux qui étaient arrivés les derniers, et qui ne savaient rien, donnaient à la pâleur de Rosalida un motif qui n'était rien moins qu'à son avantage. Rosalida entendait tout ce que l'on disait, et sa honte redoublait; elle aurait voulu fuir; mais comment fuir à la vue de tant d'indiscrets? heureusement pour elle que le Ciel vint à son secours. Une pluie abondante tomba au même instant, et chacun alors moins occupé de sa curiosité que du soin de se mettre à l'abri, laisse Rosalida et Victor ensemble.

CHAPITRE XVI.

La Pluie, la Course et l'Explication.

J'AI dit qu'il pleuvait, et il pleuvait fort; j'ai dit que Précis avait été emmené par sa fille et madame Frivolet, et c'est vrai; j'ai dit que Rosalida, *honteuse et confuse*, ne savait à quel saint se vouer; je soutiens tout cela. Mais ce que je n'ai pas dit, c'est qu'elle se mit à courir dès qu'elle se vit débarrassée des importuns qui l'obsédaient : la pluie, les torrens, les cris de Victor, rien ne pouvait l'arrêter : la biche aux pieds d'airain, qui courait si lestement, et qu'Hercule tua, parce qu'il courut aussi vîte qu'elle; Actéon, lorsqu'il fut métamorphosé en cerf, attendu que madame Diane ne voulait pas de baigneur à son bain ; le duc de C***, quand il vit les Français à ses trousses, étaient moins in-gambes que Rosalida. Voyant qu'elle courait toujours, Victor se met sur ses traces, et le voilà qui s'élance.....; enfin il l'attrape: la pluie tombait avec moins de violence. Rosalida, lui dit-il, dans quel état vous voilà ! — Ingrat! c'est votre ouvrage. — Ecoutez-moi.—Que je vous écoute, perfide! — Un seul mot ! — Je ne veux rien entendre. — Mais je ne suis pas coupable. — Et cette femme. — C'est la fille de Précis. — Après?

— Je l'aimais. — Dis que tu l'aimes encore, monstre. Monstre! se dit en lui-même Victor : bon, je suis certain d'obtenir mon pardon; car, lorsqu'une femme traite de monstre l'homme qui lui a inspiré quelqu'intérêt, c'est qu'elle l'aime avec plus d'ardeur. Victor ne chercha donc point à se justifier; il offrit son bras à Rosalida. Rosalida aurait voulu le refuser; mais elle était excédée de fatigue : la nécessité ne lui laissa pas le choix de le refuser, ou de se défendre long-tems; et un mot que Victor lui dit, la décida; elle prit donc son bras, et regagna sa maison.

CHAPITRE XVI.

L'Interrogatoire.

On arrive, on entre, on se boude; mais la curiosité l'emporte sur le dépit : c'est une terrible maladie que la curiosité, surtout dans une femme. Victor réfléchissait à ce qu'il avait à dire à Rosalida ; celle-ci cherchait à aborder la question avec une gravité convenable au sujet qu'on allait traiter..... Hum.. Hum. — Victor. — Rosalida. — Vous ne m'aviez pas dit que Précis avait une fille. — Cette idée m'est échappée. — Victor, vous mentez. — Je vous jure... — Point de serment

Le fourbe nierait l'existence de Dieu, s'il le fallait. Dites-moi la vérité. — Mon cœur vous est connu. — Avez-vous vu la fille de Précis depuis votre sortie de cette maison? — Oui. — Y a-t-il long-tems? — Trois mois sont écoulés depuis que je l'ai vue au spectacle. — Et vous lui avez rendu vos devoirs depuis cette époque. — Quelquefois. — Est-elle toujours avec son père? — Elle demeure à Paris. — Chez qui? — Chez une marchande de modes. — Chez une marchande de modes! — Que ce nom ne vous effraie pas: madame Frivolet a des principes, de très-beaux principes; et si Babet prend sa conduite pour guide, elle évitera le sort réservé aux jeunes imprudentes qui viennent se former........ à Paris!

— J'aime à le croire. Mais si madame Frivolet est si ferme dans les principes, pourquoi a-t-elle souffert que vous rendiez des visites à sa *demoiselle* de boutique (1)?.... Cette question jeta Victor dans un si grand trouble, qu'il balbutia, rougit, s'embarrassa dans ses réponses, et finit par découvrir le mystère, en cherchant à déguiser

(1) Un jeune provincial s'est fait un jour une très-méchante affaire pour avoir dit, *une fille de boutique* de modes, au lieu de *demoiselle de magasin* de modes. Comme ce jeune homme ne connaissait pas les usages, il s'informa en quoi il avait manqué. On lui répondit que les demoiselles qui travaillent en modes étant presque *des dames*, on ne devait pas se servir envers elles du mot impropre de *filles de boutique*. (*Note de l'Imprimeur.*)

Tome II.   D

la vérité. Rosalida avait du tact, du sens; elle comprit tout, et parut ne savoir rien. Victor croyait s'être tiré de là avec adresse. La conduite que Rosalida observa avec lui le reste de la soirée le confirma dans son opinion. Pauvre sot ! tu crois avoir appaisé le ressentiment d'une femme outragée par une franchise presque rustique. Toute autre que Rosalida t'aurait fait payer cher ta crédulité ; mais Rosalida est bonne ; son cœur est généreux ; et comme elle a eu des faiblesses, elle sait compatir à celles des autres.

CHAPITRE XVIII.

L'infame !

MADAME Frivolet et Babet ont
donné le bonsoir à Précis et ont
regagné la rue des Vertus. L'in-
fame ! dit Babet (1) en se jetant sur

---

(1) L'importance du sujet m'a fait
omettre un fait de la dernière *conséquence.* Lorsque l'amante de Victor était
sous le joug paternel, elle avait conservé
son nom de Babet ; mais un nom aussi
commun ne pouvait plus convenir à une
demoiselle qui se destinait à coiffer les
têtes de nos élégantes, et à faire tourner
celles de nos Céladons. Après avoir

un canapé; vous l'avez vu, madame
Frivolet : quelle conduite ! quelle
honte pour moi ! Je le croyais

---

conjugué, décomposé le mot *Babet*, on
vit qu'on ne pourrait jamais rien tirer de
bon d'un pareil nom, et l'on y substitua
celui de Lodiska. Les uns vont dire que
c'était un orgueil déplacé; que nos mères,
nos tantes, nos cousines, nos sœurs,
ont toujours porté les noms qu'elles
avaient reçus de leurs marraines : soit ;
mais nos mères, nos tantes, etc., etc.,
etc., n'avaient pas le génie de nos con-
temporaines. Elles n'allaient dans les
assemblées publiques que lorsqu'elles
étaient mariées ; aujourd'hui, que nos
demoiselles vont au spectacle bien avant
d'avoir été à confesse, il faut leur donner
des noms qui coïncident avec les lieux
qu'elles fréquentent. J'en connais six
dans une maison, toutes sages et aima-
bles à la vérité, mais quels noms portent

revenu de ses égaremens.... j'en mourrai de chagrin. Mourir ! s'écrie madame Frivolet; y pen-

---

elles ? l'une s'appelle Madelon ; l'autre, Marie-Louise ; la troisième, Jeannette ; la quatrième, Marguerite ; la cinquième, Ursule, et la sixième Fanchette. Allez donc, ainsi baptisé, à Tivoli ou au Jardin-Turc ; on rira au nez de celui qui dira : Mademoiselle Madelon veut - elle me faire l'honneur de walser avec moi? Mademoiselle Fanchette veut-elle prendre une glace. Il n'y a pas moyen d'y tenir. Aussi, quoique mes goûts soient antiques et bourgeois, je n'ai pas pu me défendre de les baptiser ainsi : Madelon , *Madelina*; Marie-Louise, *Louisa*; Jeannette, qui vient de Jeanne , *Jenny*; Marguerite, *Marguerita* ; Fanchette , *Alméria*; et Ursule , *Alphonsina* : du moins on peut se présenter partout avec de pareils noms.

sez - vous, ma chère? Oubliez plutôt le perfide, et vengez-vous, en vivant, de son odieuse trahison. — Hélas! madame, vous ignorez combien je l'adorais : que dis-je? mon cœur, sans force, l'adore encore. — Tant pis. — Je ne suis pas maîtresse du sentiment qui me parle pour lui. — Mais, ma fille, il faut se faire une raison. — La raison a-t-elle raison dans un cœur vivement épris? — Eh bien! ma chère, pleurez, si cela vous soulage; aimez sans espoir, si votre amour vous y force; mais ne me parlez jamais de cet étourdi. La défense était sévère, car mademoiselle Lodiska trouvait un charme puissant à se plaindre, à maudir l'ingrat qui l'avait trahie, à en entretenir toutes

les personnes qui l'entouraient.
Mademoiselle Lodiska se retira
dans sa chambre : là, après avoir
réfléchi sur sa position, elle se
décida à écrire à Victor la lettre
suivante.

CHAPITRE XIX.

Lettre à Victor.

INGRAT, tu te rappelles ce tems où, sans aucune expérience, je te donnai mon cœur; mais non, tu le possédais avant que je susse que je pouvais en disposer en ta faveur. Qu'as-tu fait lorsque tu as pu compter sur ma faiblesse? De quelle façon m'as-tu traitée? Mon père te force à t'éloigner; tu restes un an sans chercher à voir cette malheureuse Babet, qui souffrit pour toi seul un mois de réclusion dans un grenier, réduite au pain et à l'eau; je supportais mes peines en pensant à toi, cruel..; enfin tu m'es rendu ; tu me peins ton repentir ; je crois à ta franchise ; j'oublie le passé ; je te fais recevoir dans une maison honnête ; tu trouves une amie sincère dans madame Frivolet, une amante sensible... Comment as-tu répondu à l'accueil qu'on t'a fait ? Je ne te ferai aucun reproche; c'est à toi à te juger ; si tu es innocent, ce qu'il ne m'est pas possible d'espérer, ose te justifier : mais si tu es criminel, comme tout me l'affirme, vis malheureux, pour connaître un jour les remords et te rappeler ton innocente et imprudente victime.

LODISKA, *ci-devant* BABET.

Cette lettre devait faire rentrer

en lui-même l'homme le plus enclin à l'inconstance. Je ne sais pas précisément quel effet elle produisit sur l'ame de Victor; mais je puis attester qu'elle coûta au moins trente-deux soupirs et quatre - vingt - dix grosses larmes à Lodiska. Victor dut s'en apercevoir, car il y avait nombre de pâtés et de lignes effacées. Quoique sa conduite soit cause des pleurs qui coulent avec tant de force, rue des Vertus, est-il lui-même plus tranquille?

CHAPITRE XX.

Conversation Nocturne.

ROSALIDA avait vu partir Victor
avec une indifférence qui avait
pétrifié celui-ci; il cheminait pé-
destrement dans les vastes rues
de Paris; à son air tantôt effaré,
tantôt abattu, à sa démarche in-
certaine, on l'eût pris pour un
auteur qui rêve à l'enfant qu'il va
mettre au jour, ou à celui que
les sifflets viennent de mettre à
l'ombre. Accablé par l'idée d'avoir
déplu à Rosalida et de s'être
brouillé avec Lodiska, il marche,
erre au hasard, et se trouve sans le

savoir sur le bord de la Seine, près du Pont - Marie; il fixe le cours majestueux de ce fleuve. Hélas! s'écrie-t-il, *voilà l'image de la vie. L'homme dans une profonde sécurité se laisse aller au courant qui l'entraîne;* mais arrivé au bout du chemin, que trouve-t-il?

UNE VOIX.

La mort.

Victor était trop préoccupé pour faire attention à cette voix; il poursuivit : J'ai trompé deux femmes charmantes... pourrai-je me justifier jamais?

LA VOIX.

Jamais.

VICTOR.

Oui, je ne suis qu'un...

LA VOIX.

Barbare.

VICTOR.

Cruel amour! que tu fais faire de...

LA VOIX.

Crimes.

VICTOR.

Dis-moi ce qu'il faut que je fasse,
ô toi qui veilles sur nos jours,
qui veilles sur nos demeures...

LA VOIX.

Meurs!

Ce mot fut prononcé avec une
telle force, que Victor fut tiré
de sa profonde méditation; il en
trembla; mais, bientôt rassuré, et
voulant se convaincre si c'était
un jeu de son imagination, ou

l'écho qui prolongeait le dernier mot de ses discours, il prêta plus d'attention, et continua :

Quoi! n'est-il pour les égaremens du cœur aucun pardon?

LA VOIX.

Non.

VICTOR, en se penchant sur le parapet, et regardant en bas de lui.

Que doivent donc attendre ces libertins qui fourmillent dans Paris?

LA VOIX.

Le mépris.

VICTOR.

Et quoi! je serais traité comme eux, moi qui n'eus qu'un instant d'oubli....,

LA VOIX.

Oui.

VICTOR, *croyant apercevoir quelqu'un qui marchait dans l'ombre.*

Dites donc, monsieur le dauphin de la Seine, qui vous a permis de parler ainsi avec moi?

LA VOIX.

Toi.

VICTOR.

Moi. Si j'étais là-bas...

LA VOIX.

Bah!

VICTOR.

Tu me braves, je crois.

LA VOIX.

Quoi?

VICTOR.

Attends-moi, si tu l'oses, et morbleu je te fais, d'un saut...

LA VOIX.

Sot.

Victor descend l'escalier des bains de Poitevin, et court sous l'arche du pont, croyant punir l'insolent...: mais, au même instant, il le voit qui s'élance dans la rivière. Par malheur, Victor ne savait pas nager ; il se contenta de rester sur le rivage et de défier celui qui l'avait insulté. Pour toute réponse, l'autre partit d'un grand éclat de rire; ce rire provoqua le courroux de Victor; il allait prendre une pierre et la lancer à l'insolent baigneur qui, du sein de l'onde, bravait ainsi un habitant de la terre ; mais il s'arrêta en entendant ces paroles :

Modère ce transport indigne des humains.
Si tu fais un malheur, *je m'en lave les mains.*
Le Ciel, qui voit les maux que ton courronx t'apprête,
Veut se servir de moi pour rafraîchir ta tête.

Quel langage ! s'écria Victor. — C'est celui qui convient à la noble profession que j'exerce. — Quoi ! vous seriez ?... — Auteur ; et je suis jusqu'au cou dans mon hypocrène. Si ton tems te le permet, je vais te dire mon histoire. Victor l'assura qu'il lui ferait un sensible plaisir ; et l'autre commença de la sorte.

CHAPITRE XXI.

Le Poëte Aquatique.

Tritonnet est mon nom. Mon père, jadis premier batelier du port Saint-Nicolas, me fit donner une éducation soignée. Ma mère était blanchisseuse, rue de Bièvre. Un de ses cousins, Jean-Pierre-Ignace Triolet, écrivain public, se chargea de me donner les premières notions de l'écriture. J'acquis, sous ce maître habile, le talent d'écrire la bâtarde, la ronde et la coulée. Je serais aujourd'hui rat-de-cave ou commis aux aides, sans un goût décidé pour les neuf sœurs. À peine comptais-je dix ans, que c'était moi qui fournissais des devises, des couplets et des énigmes à tous les confiseurs du faubourg Saint-Marceau. Un pareil talent m'acquit l'estime, l'amitié et la considération de notre faubourg. Mon père en était si fier, qu'il soutint vingt fois à coups de poings la supériorité que j'avais sur les enfans de ses camarades. Un mariage se faisait-il, un enfant venait-il au monde, une fête arrivait-elle, vîte on venait me prier de composer un épithalame, une chanson ou des vers; et j'ose dire que je répondais à la confiance de tout le monde avec une perspicacité qui étonnait, qui charmait même: mais cette fumée, qui m'avait nourri jusqu'à seize ans, me parut trop mince lorsque l'âge eut déployé en moi ce génie du beau. Le cercle dans lequel ma gloire était restée renfermée me sembla trop étroit; je pris un vol plus haut; je fis des complaintes, des histoires des criminels qui se laissaient pendre: toutes les rues de Paris devinrent autant d'échos de ma rénommée. Vous avez sans doute entendu chanter ces superbes complaintes, qui commencent ainsi:

> Par mépris ou par menace,
> On m'a mis dans un tombereau.
> Mais, dieux! je vois les bourreaux.

Et cette autre:

> La mère s'en va sous les ormeaux,
> En attendant son fils Renaud.

Et celle-ci, sur un nouveau-né :

Séduisante divinité,
Toi qui est si chère au monde,
Fait que ce nouveau-né
Soit chéri à la ronde.

Eh bien ! vous l'avouerai - je ? je voulus aller encore plus loin. Je vis jouer un jour Zaïre au théâtre de la rue Saint-Victor ; cette pièce, de monsieur de Voltaire, *renferme* d'assez beaux vers ; mais l'action en est lente. Je sentis mon génie s'échauffer : je rentre *chez nous* ; je lis cet ouvrage, que j'avais acheté au théâtre, et je vois qu'il était possible d'en faire une pièce à spectacle. Au bout de trois jours d'un travail pénible, j'allai trouver le directeur, qui était un tourneur de chaises de la rue de Pontoise ; il lut mon ouvrage et

me promit de le faire monter
pour le dimanche *d'ensuite*. Il
me tint parole. Vu les dépenses
qu'il avait été obligé de faire, le
prix des places fut augmenté de
six sols. Malgré cette augmenta-
tion, la salle fut pleine, et jamais
pièce ne fut plus goûtée et plus
applaudie. Ce triomphe m'éclaira;
il m'annonça ce que j'étais ca-
pable de faire. Mais, avide de
célébrité, emporté par ce feu qui
commençait à s'allumer, je ne
sus pas assez me maîtriser. J'eus
bientôt vingt pièces prêtes à être
jouées : le directeur ne put pas
répondre à ma fécondité; il fal-
lut attendre, et enfermer dans
une cassette ces chers enfans,
jusqu'à ce qu'il plût au direc-

teur de les soumettre à l'admiration du public. En attendant ce jour désiré, je m'occupe à receuillir mes œuvres légères; mais, loin d'imiter mes confrères, qui sont forcés, pour paraître brûlans dans leurs écrits, d'être dans un bon lit ou auprès d'un bon feu, c'est au bord du fleuve sur lequel mon père a navigué pendant quarante ans que je viens composer, tantôt assis sur cette berge, tantôt dans ce bachot, seul héritage de mes aïeux, et quelquefois en pleine eau. Là, je me laisse aller au courant qui m'entraîne, et j'ose dire que je n'écris pas sèchement. J'étais à composer une élégie, lorsque tes plaintes sont parvenues jus-

ques à moi : tu sais le reste.
Victor ne put s'empêcher de
sourire; il se leva et laissa monsieur Tritonnet au sein de son
élément natal.

CHAPITRE XXII.

Tout s'en mêle.

Tout Paris retentissait des éloges que Rosalida avait mérités par son jeu; mais la surprise fut extrême lorsqu'on sut qu'elle se refusait à un second début. Cette résolution diminua un peu l'impression que mademoiselle de Chantenville avait éprouvée; cependant sa colère contre Victor était toujours la même, et c'était un terrible ennemi que mademoiselle de Chantenville. Victor ne savait pas trop quels moyens il devait employer pour appaiser le ressentiment de cette demoi-

Tome II. E

selle. Hélas! les beaux jours de Victor avaient fui comme une ombre légère ; le malheur s'attachait à ses pas. Victor ne put pas faire revenir mademoiselle de Chantenville. Victor cherche à se distraire de ses disgraces en reprenant le cours de ses occupations ; mais vain espoir ; les efforts de ses mains ne peuvent plus empêcher les pièces d'être sifflées. Une fatalité semble se lier à tout ce qu'il entreprend ; elle le suit pas à pas, et le jette dans une série d'infortunes. Les succès lui échappent ; il ne propose plus qu'en tremblant des talens, lesquels, quinze jours auparavant, étaient enviés et admirés de tout le monde. Tapin et Blonin ne le voient plus avec le même orgueil, et, sans un reste d'amitié, ils ne le traiteraient que comme le dernier de la troupe. Tous ces coups réunis portent le découragement dans l'ame de Victor. O amour! amour! s'écrie-t-il, ou tu élèves nos cœurs jusqu'au sublime, ou tu les avilis et nous fais rougir de nous-mêmes. Cependant il se prépare une expédition qui peut relever sa gloire éclipsée; il ose entrer en lice, et, semblable à ce malheureux à qui il ne reste qu'un écu de six francs, après avoir tout perdu au jeu, et qui le risque dans l'espoir de se rattraper, Victor joue le tout pour le tout. Mais, ô revers! il finit comme le joueur.

CHAPITRE XXIII.

Il est perdu.

MALHEUREUX Victor! que vas-tu devenir? Comment trouver de l'emploi après une pareille aventure, et quel auteur voudra te confier le sort de ses ouvrages? Mais écoutons - le lui-même raconter à Rosalida l'issue d'un événement qui fera époque dans le monde littéraire.

Après les torts que j'ai envers vous, j'ai craint que ma présence ne vous déplût; aussi n'ai-je pas osé vous aller voir. Il semble qu'un destin cruel me punisse d'une inconséquence dont je n'ai point calculé les suites ; mais vous avez donné tant de preuves de l'intérêt que vous me portez, que je me décide à vous faire connaître une catastrophe qui me plonge à jamais dans l'oubli.

La vindicative Elisa , outrée contre vous, et plus encore contre moi, a fait tant jouer de ressorts ; a tant intrigué, que je me suis vu en deux jours privé de la confiance des auteurs ; et cependant les ingrats savent avec quel zèle je les ai servis : Tapin et Blonin, prévenus par Elisa, me traitèrent avec un orgueil qui n'appartenait pas à mes talens : j'allais quitter la partie lorsqu'une occasion de me venger se présenta ; je la saisis avec empressement. Un jeune auteur, dont on allait jouer le premier ouvrage, vint me trouver. Je connais, me dit-il, le motif de l'injuste haine que m^lle. de Chantenville vous a vouée; je viens, mon cher Victor, vous proposer de vous venger et de me servir. Mademoiselle de Chantenville a refusé un rôle dans ma pièce; comme elle l'a trouvé trop petit pour elle, elle l'a laissé à sa doublure. Jusques-là je n'aurais pas trop à me plaindre; un auteur qui débute est heureux quand les *doubles* ne se font pas remplacer par les *triples*. Mais mademoiselle Elisa, non contente de m'avoir refusé, dit à qui veut l'entendre, que ma pièce n'a pas le sens commun; qu'elle sera sifflée, et qu'elle en répond. Voilà, mon cher Victor, jusqu'où va la méchanceté de cette actrice : Eh bien ! m'écriai-je, Elisa en sera pour sa honte ; votre pièce ne sera pas sifflée ; elle réussira : je m'en charge.

Je donnai les instructions nécessaires à mon jeune auteur ; et après être convenu de nos faits, j'allai trouver le peu d'amis qui me restait dans ma disgrace. Mes discours échauffèrent leurs ames ; je sus les enflammer et les porter à la hauteur du sujet. Pourquoi, malgré un si bel enthousiasme, me suis-je vu la risée du public ? Le soir où cet ouvrage fut représenté, nous nous transportons au théâtre ; les portes s'ouvrent ; nous nous précipitons dans la salle : O ciel ! le milieu du parterre est déjà occupé par une trentaine de jeunes novices inhabiles dans l'art d'applaudir, mais qui sifflent ordinairement avec une tenacité qui tient du délire : à leur tête on voyait Blonin. Tapin, dans un coin sous l'emphithéâtre, observait, du seul œil qui lui reste, les mouvemens. Parmi ces jeunes écervelés, mes yeux distinguent avec effroi, *Criardin*, *Sifflen-l'air*, *Poumonfort* et *Trouble-tout*. A cette vue je m'approche de Blonin, et lui dis : Est-ce comme ami que je te vois ici, ou bien viens-tu servir l'implacable divinité qui commande en ces lieux ? — Que t'importe ! me répondit Blonin : Te demandai-je pourquoi tu es ici ? — Ce seul mot me suffit ; tu veux la guerre, soit ; nous allons voir qui de Rome ou de Carthage l'emportera ce soir. Soudain je retourne à mes gens ; je leur fais connaître le danger qui nous menace. Tous jettent sur Blonin des regards furieux, et semblent lui dire : Les amis de Victor valent au moins les tiens. Les quatre premières scènes de la pièce furent applaudies unanimement. Je ménageais l'ardeur des miens, pour leur laisser plus de force pour la fin. L'actrice qui doublait mademoiselle Élisa fut accueillie par des bravos nombreux. Blonin fit un mouvement ; mais je le pénétrai, et fis tourner contre lui le dessein qu'il méditait. Je croyais le succès assuré ; et il l'était de fait, puisque Blonin n'avait pas encore osé risquer un seul coup de sifflet,

E 2

lorsque le maudit père noble, au milieu d'une romance, fait entendre un hoquet, qui annonçait qu'il avait bien dîné : aussitôt un ris immodéré part de chaque partie de la salle. *Le père Hoquet* (1) se trouble ; il perd la mesure. Blonin profite de la circonstance, et lâche un coup de sifflet si aigu, que quinze de ses voisins en furent sourds un mois entier. *Tapedru* et *Paixdoncla*, qui étaient de mon côté, sautent sur une banquette, et par le jeu combiné de leurs mains, parviennent à en imposer à Blonin. Alors Tapin se lève à son tour ; il s'élance ; sa

----

(1) C'est sans doute le père au hoquet que l'auteur a voulu dire. (*Note de l'Imprimeur.*)

seule main est armée d'un sifflet organisé (1), dont le jeu fait l'effet de vingt estomacs bien nourris. N'écoutant que l'indignation ; voyant qu'il n'était plus possible de rétablir l'ordre ; que le bruit était tel, que.... *Dieu, pour s'y faire ouïr, tonnerait vainement*, je saute sur Blonin ; un coup de poing bien appliqué, sur la distance que tout homme a entre les deux yeux, l'étourdit. Je le crois tombé sous une banquette ; et, traversant la foule qui me sépare de Tapin, j'arrive sur lui : mais il m'a prévenu, il esquive adroitement le *horion* que j'allais lui

____

(1) Ce sifflet, le seul qu'il y eut dans l'Europe, fut usé par le fréquent usage qu'on en fit au P*** ; qui ne laissa pas d'avoir vingt représentations de suite.

décharger sur la tête. Blonin s'est retourné; et, venant par derrière, il passe sa tête entre mes deux jambes, et m'envoie tomber au milieu de ses amis. C'en était fait de moi, sans le généreux dévouement de *Tapedru*. Mu par un sentiment qui l'a toujours porté à me chérir, il m'arrache des mains de mes ennemis ; il rallie ceux qui avaient suivi mon parti. Mais, pendant que nous nous battions , la toile s'était baissée; la pièce n'avait pu s'achever , et ma gloire était à jamais ternie. Je sors de la salle , la figure toute mutilée , mes habits en lambeaux. Je pris congé de mes amis : Suivez , leur ai-je dit, suivez une autre route ; je renonce désormais à l'espoir de faire des réputations ; *j'ai trop vécu d'un jour.* Voilà, chère Rosalida, ma fâcheuse mésaventure; elle est véridique : une fièvre brûlante me consume ; je dévore mes chagrins, et, grâces à mes extravagances, je n'ai pas un ami pour adoucir mes peines.

CHAPITRE XXIV.

Comment y résister?

Rosalida ne put lire cette relation sans être vivement affectée : elle aimait Victor. Il avait bien des torts envers elle ; mais son cœur sensible les lui fit oublier. En vain voulut-elle combattre un reste d'amour - propre blessé ; elle n'eut pas la force de résister. Allons, dit-elle à Aldegonde ; ma destinée est de faire des ingrats ; mais puisqu'il n'a été puni que parce que l'on savait qu'il m'aime, je ne dois pas le laisser seul à lui-même... allons le consoler.

Quand Victor vit entrer Rosalida, il put à peine en croire l'excès de son bonheur. Ses yeux se remplirent de larmes; il voulut parler, s'excuser.... mais tout ce qu'il aurait dit aurait été moins expressif que l'état dans lequel il était. O ciel! s'écria Rosalida, est-il possible! Les malheureux! ils l'ont assassiné! — Eh quoi! Rosalida, après ma conduite, vous daignez encore prendre quelqu'intérêt à moi? — Oublions le passé, j'ai plus besoin que vous encore d'indulgence : qu'il ne soit plus fait mention de rien; occuponsnous d'abord de votre guérison. — Ah! laissez-moi au moins épancher ma reconnaissance ; je suis si coupable! — Encore. — Rosalida! chère Rosalida! — Un mot de plus, et je sors, pour ne vous revoir jamais. — Eh bien! j'obéis, quoi qu'il m'en coûte. Quelle ivresse n'éprouve-t-on pas, lorsque la main qui nous est chère, se plaît a nous donner des secours. O volupté! voilà l'instant où l'homme peut dire qu'il te connaît. Ton feu le réchauffe. *La douleur s'enfuit lorsque la beauté paraît.*

* * *

CHAPITRE XXV.

Qu'épousera-t-il ?

La moitié du jour s'est écoulée depuis que Rosalida est auprès de Victor ; la vieille Aldegonde a monté et descendu trente fois les cinq étages qui séparent l'appartement de Victor du sol de la terre ; elle a gourmandé le traiteur sur la médiocrité du bouillon ; elle en a fait elle-même ; elle a couru chez l'apothicaire commander les diverses potions que le médecin avait ordonnées : enfin, au zèle, à l'activité, aux attentions de la vieille, on voyait qu'elle partageait les sentimens de sa maîtresse : mais est-ce à la simple pitié ou à l'amour que Victor doit ces soins que lui prodigue Rosalida ? Rosalida ; emportée par la force de sa tendresse pour Victor, a-t-elle oublié que Babet Lodiska lui est chère ? Et toi, tendre colombe que le vautour a poursuivie avec tant de férocité, quel sera ton sort ? Le silence que Victor a gardé depuis que tu lui as écrit t'a jetée dans une noire mélancolie. On ne te voit plus donner à tes bonnets, cette grâce, cette tournure qu'admiraient toutes les dames de la rue des Vertus. Madame Frivolet te fait inutilement la guerre sur les pleurs que tu laisses couler de tes beaux yeux :

les papillons (1) en sont tout
mouillés. Dans ton chagrin, tu
perds souvent ta barbe (2). Madame Frivolet se plaint de ce
que ses *fonds* (3) diminuent tous
les jours, et que tu restes des
heures entières à faire la *passe* (4).
Lodiska! Lodiska! reviens à toi.
Mais elle n'écoute rien; et tout
en taillant une *cornette* de nuit
pour un époux de six semaines,
entendez-la chanter, d'une voix
altérée par la douleur, ces couplets sur l'air du premier pas,
qui furent composés par le fa-
meux poëte aquatique, qu'il in-
titula :

---

(1) Partie d'un bonnet.
(2) *Idem.*
(3) *Idem.*
(4) *Idem.*

LE POINT DE COTÉ.

Fuis, de l'amour, fille trop innocente ;
Fuis à jamais le pouvoir enchanté !
Si le cruel quelque jour te tourmente ;
Fais que ton cœnr, n'aille, en suivant sa
     pente,
        Point de côté.

Je fus sensible un jour à la tendresse;
Mais que de pleurs ce seul jour m'a coûté,
Et cependant, soumis à la sagesse,
Mon cœur n'alla, tout haut je le confesse,
        Point de côté.

Un jeune amant conduit par le délire,
Trouva moyen de fléchir ma fierté ;
Pour me toucher, me charmer, me
     séduire,
Son regard fin n'alla, je dois le dire,
        Point de côté.

C'était ainsi que Lodiska entretenait sa douleur; mais il lui

reste encore l'incertitude : quand
une fois son sort lui sera entièrement connu, que dira-t-elle? Si
elle apprend la maladie de Victor;
si elle sait ce que Rosalida a
fait pour lui... c'en est fait, la
tête lui tournera. Pauvre fille !
pauvre fille ! que de folles il y
aurait dans Paris, si nos demoiselles n'avaient pas plus de force
que toi !

CHAPITRE XXVI.

Devait-on s'y attendre ?

C'était un dimanche matin ; madame Frivolet avait, après bien des allées et venues, des pour- parlers, et des menaces, décidé Lodiska à aller dîner à Belleville : le chagrin n'exclut pas la coquet- terie. Lodiska était depuis deux heures à sa toilette ; madame Frivolet la raillait un peu sur la recherche de sa mise... bref, on allait partir. Le magasin venait d'être fermé ; le petit chien aboyait de joie, parcequ'il se doutait qu'on allait à la campagne ; et trois voi- sines de madame Frivolet lui

conseillaient de prendre un para-
pluie, attendu, disaient-elles, que
le tems était incertain, et qu'il
faut prendre ses précautions quand
on se met en voyage. Au même
instant, un commissionnaire tout
essoufflé arrive ; il tient une lettre
à la main. — Madame Frivolet !
C'était directement à elle qu'il
s'adressait. — C'est moi, mon ami.
— En ce cas, je ne pouvais mieux
m'adresser. — De quelle part ?
— Je ne connais pas la dame qui
m'envoie, je sais seulement qu'elle
demeure à la barrière de Cha-
ronne. Madame Frivolet ouvre la
lettre, et lit. Sa surprise fut extrême, on lui demandait un rendez-
vous ; on désirait qu'elle se fît
accompagner par Lodiska. Que
pouvait-on lui vouloir ? La lettre

n'était pas signée; elle était bien de la main d'une femme; mais ne pouvait-on pas avoir contrefait l'écriture? Il y a tant de mal-intentionnés, et l'on doit tout craindre quand on est encore jeune. Lodiska, qui ne cessait de penser à son infidèle, crut de suite qu'il s'agissait de lui. Elle pressa madame Frivolet de se rendre au lieu indiqué. Madame Frivolet était assez curieuse, aussi ne fit-elle aucune difficulté. L'on suivit le commissionnaire qui ne pouvait faire quatre pas sans être accablé de questions; mais soit qu'il ne sût rien sur l'objet de la missive qu'il venait de porter, ou qu'il sût garder un secret, les questionneuses ne purent tirer aucun éclaircisssement de cet homme

incivil; et elles arrrivèrent au
rendez-vous en le tenant pour
l'être le plus rustique du monde.

Introduites dans une salle dé-
corée simplement, laquelle cependant annonçait la richesse et le
goût du maître, Lodiska et ma-
dame Frivolet étaient, comme on
dit, sur les épines. Après dix mi-
nutes d'attente, elles virent entrer
une femme qu'elles crurent reconnaître : on se salua de part et
d'autre, avec embarras des deux
côtés. Lorsqu'on eut pris des
siéges, madame Frivolet, un peu
pressée de parler et de satisfaire
ce besoin qui presse toujours une
femme, la curiosité, elle dit :
N'est-ce pas vous, madame, qui
m'avez écrit ce matin ? — Oui,

Tome II. F

madame. — Je me suis empressée de me rendre à vos ordres. — Ce ne sont pas des ordres que j'ai à donner , madame ; c'est une explication que je désire. — Une explication ! Je ne crois pas avoir l'honneur d'être connue de madame. — Pardonnez - moi ; je vous connais , ainsi que cette aimable enfant. — Est-il possible? Ici, Lodiska fixa de nouveau la dame de la maison..... ; elles rougirent toutes deux. En effet, dit Lodiska , je crois me rappeler..... — Eh bien! ajouta la dame , pourquoi différerais - je de vous dire mon nom ? Je m'appelle Rosalida ; et c'est dans les bois de Romainville que je vous ai vue. Ce mot fit une impression cruelle sur

Lodiska et sur madame Frivolet. Rosalida s'en aperçut, et s'empressa de reprendre la parole. Avant de porter aucun jugement sur moi, dit-elle, veuillez m'écouter. J'ai peut-être, plus que vous, à me plaindre de Victor; mais il est malheureux; mes faibles soins viennent de le rendre à la vie. Ciel! s'écria Lodiska, Victor....... — Allait périr. Lorsqu'il eut assez de confiance dans ma générosité pour me faire connaître son état douloureux, j'immolai mon juste ressentiment; mes secours l'arrachèrent au tombeau qui l'attendait; il vit, et vous respirez le même air que lui. Lodiska fut saisie à cette nouvelle. Madame Frivolet regardait Rosalida, et attendait en silence le dénouement d'une affaire aussi importante. Rosalida se lève, s'approche de Lodiska, l'embrasse, et continue : Nous sommes rivales, ma belle enfant.... Mais que ce mot ne vous cause aucun effroi ; vous avez dû penser bien du mal de moi ; je vous le pardonne ; oublions la fâcheuse aventure qui nous a fait nous rencontrer. Victor est ici ; il ignore encore que vous y êtes ; il va paraître pour prononcer entre nous deux. Eh quoi ! dit madame Frivolet, est - ce pour nous rendre témoins de la perfidie de ce jeune étourdi que vous nous avez fait venir ? Madame, est-ce pour porter la mort dans le cœur de ma jeune pupille que vous avez

désiré la voir? Une pareille conduite..... Madame, reprit Rosalida, pourquoi mettre de l'hu-
meur dans une affaire qui doit
décider de la vie de ceux qu'elle
touche? Si vous ne m'accordez
pas assez de délicatesse pour res-
pecter ce que nous nous devons
mutuellement, croyez au moins
que j'ai assez de pudeur pour ne
pas commettre une action qui
choquerait les mœurs et la décence. Je voulais, avant de m'ex-
pliquer, connaître les sentimens
de mademoiselle. Je vous ai dit
que Victor ignorait que vous
fussiez ici. Je lui ai tu mes projets, mais il va les connaître; il
faut qu'il se prononce en ce jour;
qu'il vous accompagne, s'il vous

choisit pour épouse et que vous l'acceptiez, ou qu'il reste s'il me donne la préférence. Si j'avais voulu, il ne tenait qn'à moi de le posséder; mais j'ai préféré ne le devoir qu'à l'amour. En vous voyant, mademoiselle, il doit m'oublier; vos avantages sont plus grands que les miens; le rapprochement doit être défavorable : mais que son cœur s'explique, et je serai satisfaite. Rosalida sonna Aldegonde, et lui fit un signe. Madame Frivolet et Lodiska se levèrent pour sortir et éviter la vue de Victor. Mais agitée par l'amour, la crainte, et cet orgueil qui dit à toute femme qu'elle est la plus belle, Lodiska n'eut pas la force de suivre sa volonté; ses genoux fléchirent sous elle, et madame Frivolet n'eut que le tems de la soutenir. Voyez, madame, dit-elle à Rosalida, voyez dans quel état vous mettez cette pauvre enfant. Victor entre au même instant. A l'aspect de Lodiska, à moitié évanouie, il s'arrête et reste immobile. Lodiska se cache la tête dans le sein de madame Frivolet. Rosalida, d'une voix ferme et assurée, dit à Victor : Approchez. Victor la regarde. — Approchez, ajouta-t-elle. Victor fit un pas. Pourquoi trembler ? — Rosalida ! — N'aimez-vous plus mademoiselle ? — Dois - je avouer..... — Dites, Victor, n'aimez-vous plus la compagne de votre enfance ? celle qui a eu la faiblesse de vous croire au-dessus des autres hommes ? celle qui devait espérer une constance égale à sa beauté : répondez ; l'aimez-vous encore ? — Qu'exigez - vous de moi ? — Ingrat ! tu vois sa pâleur, et rien ne peut te toucher ! tu te fais un jeu de prolonger sa souffrance ! Jette-toi à ses pieds ; avoue que tu es indigne d'elle ; demande ton pardon : voilà le seul moyen de t'acquitter envers moi. A ces mots, Lodiska, Victor et madame Frivolet se regardent, et ne savent s'ils doivent en croire leurs oreilles. Ils fixent Rosalida ; mais un notaire qu'amène Aldegonde ajoute encore à la surprise que les acteurs éprouvent. Cependant le

tems presse ; le notaire s'est placé
devant une table ; Victor et Lodiska se sentent émus. Rosalida
les prend par la main, les rap-
proche, et leur dit en les embras-
sant : Vous êtes deux ingrats ; mais
je vous aime et vous marie.

———◄❋►———

CHAPITRE XXVII.

Conclusion.

LE contrat est signé ; le notaire est parti, et Lodiska et Victor ne savent pas encore si tout ce qui vient de se passer n'est qu'une illusion, ou s'ils sont réellement unis. Enfin ils sortent de cette extase ; ils se précipitent dans les bras de Rosalida, et lui prodiguent les noms les plus doux. Madame Frivolet s'excuse des torts qu'elle disait avoir envers Rosalida. Celle-ci, d'un ton gai et aimable, leur dit qu'il ne faut plus penser qu'aux apprêts de noce. On passe dans la salle à manger ; un repas charmant attendait les convives ; on prend place ; et au dessert, Rosalida parla de la sorte : Vous trouvez peut-être que j'ai un peu précipité cette affaire ; mais qu'était-il besoin d'un plus long délai ? Vous vous aimiez tous deux ; j'étais cause de votre rupture, je devais réparer le mal que j'avais fait innocemment. Si Victor m'eût fait connaître l'amour qu'il avait pour mademoiselle, je ne l'aurais pas retenu ici le jour que vous aviez pris pour vous rendre à Belleville : j'aurais à me plaindre de la réserve qu'il a eue envers moi ; je ne l'aurais vu de ma vie, sans la maladie qu'il a faite : c'est en le soignant que je trouvai la lettre que vous lui avez écrite ; je m'en emparai à son insçu, et lui promis de vous unir sitôt que Victor serait rétabli. Dès qu'il le fut, je le fis venir ; je lui parlai de vous, mademoiselle, mais en lui cachant toujours mes desseins ; je fis dresser votre contrat ; je donnai mes instructions à mon notaire ; je vous écrivis ce matin ; Aldegonde, en vous voyant arriver, fit passer Victor dans le pavillon qui est au bout du jardin. Je me suis permis un badinage qui aurait pu nous brouiller ; mais je m'étais permis cette petite vengeance : me le pardonnez-vous ? Tous se jetèrent dans ses bras; et jamais, dit-on, on ne vit trois femmes s'aimer aussi sincèrement que Rosalida, madame Frivolet et Lodiska. L'a-

près-dînée on alla trouver le père
Précis à Belleville, le bonhomme,
qui n'avait pas eu vent de ce qui
s'était passé le matin, se mit en
colère dès qu'il aperçut Victor.
Mais en voyant le contrat de
mariage que madame Frivolet lui
donna à signer, il devint calme;
on lui conta en deux mots comment la chose s'était terminée; et
Rosalida fut de nouveau accablée
des remercimens de toute l'assemblée. A quinze jours de - là, les
époux reçurent la bénédiction nup-
tiale à Saint-Nicolas. Au bout de
dix mois, monsieur Victor fut
père d'une jolie petite fille, qui
eut pour marraine Rosalida, et
qui reçut le nom de Victorine;
avec six cents livres de rentes,
bien et dûment hypothéquées sur
les biens de Rosalida.

Une fois dans son ménage, Victor mena une vie exemplaire. L'âge ayant ôté à madame Frivolet le goût des modes nouvelles, elle céda son fonds à Lodiska. Rosalida, sans parens ni amis, plaça toute sa fortune sur la tête de sa filleule. Elle l'aima comme une véritable mère; c'est elle qui surveilla son éducation; mais revenue entièrement de ses premières erreurs; elle se garda bien de lui donner un maître à danser, et de lui laisser lire des romans. L'austérité de ses mœurs lui mérita l'estime de toutes les personnes qui la voyait. Heureux qui n'a, comme elle, qu'à se reprocher quelques écarts de jeunesse.

FIN DE L'ENFANT DE LA COURTILLE.

LA
BELLE ECAILLERE,
NOUVELLE.

Qu'LA voix d'l'honneur, des sentimens,
Vous r'tienne toujours, jeunes filles;
Craignez l'jargon de ces galans
Qu'on cite pour leurs peccadilles.
Si tu les écoute un seul jour,
C'est fait de toi, pauvre jeunesse;
Car, dans un cœur où s'log'l'amour,
G'nia pu de plac'pour la sagesse.

A la barque, à la barque, à la
barque; régalez - vous; en v'là
d'bonnes, en v'là d'bonnes.

J'n'avais jamais, jusqu'à seize ans,
Ecouté d'aveux de tendresse;
Et je croyais passer mon printems
Sans connaître ce chien qui nous blesse.

Mais v'là qu'un jour, au P'tit-Moulin,
Fanfan m'charme... Au feu qui me presse
J'sens que d'plaisir quand l'cœur est plein
G'nia pu de plac' pour la sagesse.

A l'écaillé.

Le mal est fait ; pour l'réparer
Y faudrait un bon mariage :
Mais, hélas ! comment l'espérer ?
Fanfan est trompeur et volage.
Queu tracas !... J'ne sais, entre nous,
A quoi m'arrêter... Le tems presse ;
Je vois qu'y m'faut vîte un époux...
Pour faire honneur à ma sagesse.

C'est ainsi que chantait Madelaine, un matin, à huit heures ; c'était le huit novembre de l'an de grâce 1808 ou 1809, je ne l'affirmerai pas ; ce que je puis dire, c'est que Madelaine était fort gentille, trop gentille même pour une écaillère de dix-huit

ans qui n'a qu'une mère de trente-
six ans. Madelaine avait pour
boutique la porte d'un marchand
de vin ; ce marchand de vin était
situé au coin de la rue des Prê-
cheurs, à la halle. On allait manger des huîtres pour voir la jolie
marchande, et le débit en était si
grand, que le Rocher-de-Cancale
et d'Etreta en auraient été jaloux
s'ils avaient existé alors. Jusques-
là il n'y a pas grand mal : on
peut-être jolie et marchande d'huîtres ; mais il faut être sage. On
sait qu'il est du bon ton de dire
mainte impertinence à une écaillère, lorsque l'on achète sa mar-
chandise. Madelaine connaissait
tous les désagrémens attachés à
son état : mais, comme elle était
enfant de la halle, elle fut forcée

de suivre la même profession de ses aïeux. Madame Dutonneau, marchande de poissons au coin de la rue de la Cossonnerie, était mère de Madelaine-depuis la mort du père Dutonneau, madame avait laissé sa fille se gouverner elle-même. Madelaine, imbue de principes honnêtes, s'était conduite comme un ange. Toute la halle en parlait : les mères la donnaient pour modèle à leurs filles ; les filles la détestaient parce qu'elle était plus belle et plus sage qu'elles. Mais tous les garçons l'adoraient, et l'on sait que le nombre n'en est pas mince.

Madame Dutonneau, faisait un crime à sa fille d'avoir tant d'adorateurs ; non que la vertu de sa fille lui fût bien chère. Mais

j'ai dit que madame Dutonneau
n'avait que trente-six ans; qu'elle
était encore plus fraîche; que le
poisson qu'elle vendait, or, madame Dutonneau trouvait indé-
cent que sa fille eût des amans
lorsqu'elle n'en avait pas; mais,
en fille bien élevée et respectueuse,
Madelaine oubliait les travers de
sa mère pour ne songer qu'à ce
qu'elle lui devait : c'est dans ces
beaux sentimens que Madelaine
parvint jusqu'à dix-huit ans, ven-
dant des huitres l'hiver et des
bouquets l'été; écoutant les propos
galans qui lui étaient adressés, et
n'y répondant jamais; gagnant
beaucoup d'argent et n'en dépen-
sant pas beaucoup. Le plus couteux
pour elle, c'était sa toilette; dam
aussi, c'est qu'elle se mettait bien;

les plus belles dentelles, les plus beaux bijoux; elle excitait l'envie, mais elle s'en moquait; un vieux proverbe dit : qu'il vaut mieux faire envie que de pitié. Madelaine connaissait le proverbe, et allait toujours son petit bonhomme de chemin. Heureux tems! Madelaine te payait cher.

Fanfan, dit Beaumollet, ne put voir Madelaine, sans éprouver un doux délire; mais Fanfan ne pouvait rester long-tems attaché à la même beauté : taillé comme un Hercule, beau comme un Adonis, une tête bien prononcée, des épaules carrées, une taille très-élevée donnaient à Fanfan de grands avantages sur ses camarades. Aussi toutes les marchandes de marée ne parlaient que de

Fanfan; toutes se l'arrachaient,
toutes ne voulaient que de Fanfan
pour porter leurs paniers. Ainsi
gâté par les plus belles dames
de la halle, Fanfan devint bientôt
le plus grand mauvais sujet de
dessus le carreau; ce sont peut-
être ces défauts qui plurent à
Madelaine; car rien n'est plus
singulier que l'esprit d'une femme.
Madelaine, sage, belle et passa-
blement *calée*, s'éprit un beau
matin d'un drôle qui n'avait rien;
je dois cependant l'avouer, Madelaine combattit long-tems son
coupable penchant. Quoi! se di-
sait-elle, quoi! j'ai pu m' laisser
z'aller à la propension qui me
guide vers le particulier; moi,
qui ai plus d' louis dans m'
poche que de mois sur l' baptême

O Madelaine, Madelaine! qu'
vont dire Javotte, Suzon, Géne-
viève, Marie-Louise, quand elles
connaîtront ton inclination; toi,
qui t'es moqué d'elles? O madelaine, Madelaine! t'es dans la
panade; tâche d' t'en retirer.

L'intention ne peut pas être
réputée pour le fait : Madelaine
n'avait pas la force d'exécuter ce
qu'elle voulait; l'aspect de Fanfan
bouleversait toutes ses idées, et
lui faisait abjurer la résolution
qu'elle avait prise.

Fanfan, quoique distrait par
mille objets, n'avait pas vu gran-
dir Madelaine sans ressentir de
certains désirs; mais, jusqu'à ce
moment, il avait négligé une
conquête qu'il savait être très-
difficile à faire. Ce n'est pas qu'il

ne crût réussir, mais l'indifférence de Madelaine le rassura. Aimons les plus pressées, se disait-il ; puis j' verrons après ; mais il changea bientôt de langage, quand il apprit les sentimens de Madelaine ; il se montra assidu, complaisant, il fut même, m'a-t-on assuré, des jours entiers sans all'er au cabaret ; un pareil changement fut remarqué dans toute la halle. On en jase, on plaisante ; les hommes se donnaient au diable, ceux qui avaient des prétentions sur Madelaine, s'entend ; les femmes crevaient de dépit. Quoi ! disait la grande Laplanche, j'aurons débarbouillé un pareil chenapan, pour l' voir l'amant d'une semblable pégrieche. Et moi, disait la grosse Dumont, qu' disputes mon homme, ne m'a - t - il pas faites pour cet hareng du Pec? Mort de ma vie! j'l'étranglerai si j'le vois encore z'avec c't Vénus de la Nouvelle France. Quiens t'es bonne là, toi, ajouta la petite Fanchonnette; si t'as disputé avec ton homme, c'est qu'y avait d's raisons pour ça, et l'défunt savait d'quoi y retournait; mais moi, j'avions donné mon cœur au perfide ben avant qu'il pensît z'atoi; y m'avait juré, su l'marché des Innocents, d'maimer jusqu'à la mort, et l'échien m'a lâchée au bout d' trois mois, et c'pendant j'suis fille, j'avais d'zattraits et d'la mazille dans not' poche : c'est plutôt à moi d'me plaindre. Eh bien! j'suis bonne enfant; j'en veux pas à Madelaïne. Pourquoi n'aimerait - elle pas Fanfan, puis-qu'j'avons été assez bêtes pour nous laisser endormir par l'z artifices de ce requin-là? Plaignons, au contraire, plaignons sa faiblesse; c'est eun victime de plus que l'cocu va t'ajouter à sa lisse.

C'est ainsi qu'on s'entretenait chaque jour sur le compte de Madelaine et de Fanfan : celui-ci en était fier, mais Madelaine rougissait de l'esclandre qu'elle causait.

Fanfan, qui lisait dans le cœur de Madelaine, qui voyait les combats que l'amour livrait à la pudeur, résolut d'obtenir tout de son objet. Le pas était difficile à franchir. Madelaine aimait Fanfan ; mais l'honneur parlait encore à son ame : d'ailleurs, la

moralité de Fanfan lui était assez
connue pour qu'elle fût réservée
avec lui. Fanfan n'avait pas encore
avoué ses sentimens, et une fille
bien éduquée ne doit pas faire les
premières avances. Fanfan sentit
la conséquence de la réserve de
Madelaine; et, surmontant tout
pour satisfaire ses désirs, il pro-
jeta une partie qui devait assurer
l'exécution de ses desseins; mais
il lui fallait un second; et un
tiers peut souvent nous trahir. Il
le savait; mais, se fiant à la fortune
qui l'avait toujours protégé, il se
décida à confier son plan à un de
ses camarades. Quand il crut être
sûr de lui, il alla trouver madame Dutonneau, et lui parla en
ces termes:

Vous avez sans doute appris,

mame Dutonneau, les nouvelles qui galopent sus mon conte : y g'ni a pas de feu sans fumée. C'est vrai, j'aime l'incomparable Madelaine, et je me serais décidé à vous en faire la confidence, si je n'avais été barré dans mon aveu par la crainte que j'avais que vous ne vous opposissiez à l'extinction d'ma flamme. J'nai rien, comme vous le savez ; je ne possède qu'un fort vilain renom que j'ai quelquefois justifié. Ah ! ça je l'avoue ; mais d'puis que j'aime Madelaine, j'me suis corrigé. Si j'ne me flatte pas, Madelaine itou. J'nai pas voulu m'en assurer sans vot' parmission. C'est pour ça qu'je viens. Si vous n'me rejetez pas pour gendre, je sonderai l'cœur d'la jeune personne, et j'verrons par après à bacler c't affaire.

Cette déclaration plut excessi-
vement à madame Dutonneau ;
elle assura Fanfan qu'elle consen-
tait à ce qu'il devînt son gendre,
et que même elle s'engageait à
décider sa fille, dans le cas où elle
ne voudrait pas de lui pour époux.
Fanfan lui témoigna sa reconnaissance, et assigna le surlendemain,
qui était un dimanche, pour parler
plus amplement de cette affaire
importante. On choisit le Petit-
Moulin, et Fanfan pria madame
Dutonneau de vouloir bien ac-
cepter un dîner qu'il devait aller
commander le soir même.

Quel était donc son projet ? Le
voici. Le confident qu'il s'était
choisi était un libertin comme lui,
et pour lequel madame Dutonneau, si l'on doit ajouter foi aux

propos des mauvaises langues ,
avait eu quelques bontés. Madame Dutonneau était connue par
ses galanteries. Le dîner devait
être bon ; le vin devait être versé
en abondance : or , chacun sait
qu'on doit tout espérer d'une
femme tendre quand Bacchus est
de la partie. Le confident avait
reçu ses instructions ; il devait
paraître empressé de plaire à
madame Dutonneau. Les nouveaux soins qu'on reçoit d'un
homme qui ne nous a pas été
indifférent, demandent une explication : mais une explication de
cette nature ne peut se faire devant
des témoins. On cherche un prétexte, et on le trouve facilement
lorsqu'on est d'accord. Il était
naturel que Madelaine suivît

l'exemple de sa mère : du moins c'est ainsi que pensait Fanfan. Tous ses préparatifs ainsi faits, il attend avec impatience le dimanche si désiré. Madelaine, qui ne se doute pas du complot affreux, n'est pas moins impatiente que son amant. Dès le vendredi soir elle a apprêté le beau bonnet rond en dentelle, le fin déshabillé de toile des Indes ; sa chaîne d'or a été savonnée, ses bagues bien nettoyées ; tout cela est dans le tiroir de la commode : il n'y a plus qu'à mettre la main dessus.

Quel dieu va donc déjouer un projet aussi détestable. Quoi ! cette intéressante Madelaine, qui n'a à se reprocher que son penchant pour un homme qu'elle

désire pour époux, se verra trahie,
deshonorée. Et ce maudit Fanfan, sans biens, sans un écu à
lui, peut préférer au sort que
lui destine une jolie femme, le
coupable plaisir de commettre
un crime! Les hommes seront-ils
toujours les mêmes? Que de-
mander à un mauvais sujet? Les
libertins sont comme les prodi-
gues : pourvu qu'ils jouissent du
présent, peu leur importe l'avenir. Mais comme le tems passe!
nous voici arrivés au dimanche,
et aucun événement n'a pu déranger cette maudite partie; il fait
un tems superbe, quoiqu'au mois
décembre; c'est précisément la
veille de Noël. Madelaine a été
entendre la messe à Saint-Eustache,
et Dieu sait avec quelle ferveur

elle a adressé ses hommages au Très-Haut ; elle l'a d'abord prié comme toute bonne catholique doit le prier ; puis pour qu'il protège l'affaire pour laquelle elle va dîner au Petit-Moulin, et en sortant elle a donné une pièce de cinq sols au donneur d'eau-benite, en lui disant : Priez pour moi. Midi est sonné ; c'est l'heure du départ ; Fanfan ne s'est pas fait attendre, il s'est paré de son plus bel habit ; le gros catogan roule avec grâce sur ses épaules ; le pantalon large rend plus élégant encore le bas de sa jambe ; il entre avec aisance chez madame du Tonneau, la salue avec l'assurance d'un homme qui est sûr de plaire, et embrasse Madelaine, après en avoir demandé et obtenu la permission de la

maman: on se met en route; on
marche vîte, car il fait froid; on
a bientôt franchi la distance qu'il
y a entre le quartier de la halle
et la barrière de la Chopinette:
arrivés au lieu du dîner, on se
réchauffe auprès d'un bon feu, en
attendant que l'on soit servi.

Soudain l'on se met à table; l'air
a donné de l'appétit; le potage et
le bouilli sont dévorés avant qu'on
n'ait dit une seule parole qui ait
rapport à l'objet pour lequel on
est réuni. Mais en coupant le
gigot à l'ail, et en assaisonnant la
salade de maches et de betteraves,
on lâche quelques mots ; Madelaine rougit... de plaisir. Madame
Dutonneau, en voyant l'embarras
de sa fille, part d'un grand éclat
de rire; ce fut le signal de la

grosse joie. L'ami de Fanfan,
placé exprès à côté de la mère,
entra si bien dans les vues de Fanfan que, long-tems avant le dessert,
la mère Dutonneau était déjà entre
la poire et le fromage. Madelaine
voulut faire quelques représentations à sa mère; mais Dieu sait
comme elles furent reçues. J'l'aime
ben là, toi; et là ous-que j'me
mettrai à mon aise, si c' n'est ici;
t'es ma fille, Fanfan sera bentôt
món gendre; Cadet et moi sommes
d'anciennes connaissances; ma foi,
comme dit le proverbe : où y a
d'la gêne g'nia pas d'plaisir. C'est
ça madame Dutonneau, reprit
Cadet, nous avons été jeunes:
aujourd'hui qu'l'amour n'va plus
cheux nous, j'nous en consolons
avec la bouteille. — L'un et l'autre,
mon fils; l'un et l'autre, j'ne suis

pas encore d'âge à battre en retraite; ma fille s'marie, rien d'-
mieux; mais y n'est pas dit....
— Qu'vous n'en ferez pas autant.
— Tu as deviné juste. — Allons,
allons, madame Dutonneau, nous
parlerons de cela plus tard: pour
l'instant nous avons une plus
grande affaire à traiter; convenons
de nos faits. —Comme t'es pres-
sant, Cadet : qu'pouvons - nous
dire d' plus. Fanfan aime ma
fille; ma fille aime Fanfan ; tous
deux s'conviennent; ils veullent
s'épouser, j'y consens; la noce se
fera quand y voudront. Ainsi y'là
qu'est baclé; laissons cela, buvons
et chantons. O modèle de la
tendresse maternelle! s'écria Fanfan en emplissant le verre de la
mère Dutonneau, c'que vous venez
de dire-là est gravé z'en trait de

flamme dans mon cœur; vous serez ma mère, je serai vot' fils, Madelaine sera ma femme, et tous quatre nous serons toujours amis. — Tu l'as dit, fifi, quiens, à ta santé.

A force de boire, à force de parler, la tête s'échauffe, la raison se perd; et... Fanfan avait conservé la sienne. Madelaine n'avait jamais vu sa mère si bien en train: une triste réflexion naquit dans son ame: Comment, se dit-elle, comment une femme peut-elle s'oublier à ce point? et cette femme, c'est ma mère. Elle prie tout bas Fanfan de ménager les libations que l'on faisait à Bacchus; mais la mère Dutonneau était en trop beau chemin pour s'arrêter, et sut elle-même se verser à boire.

Le cabinet où le quatuor sa-
vouroit les délices de la table était
petit. On avait fait un grand feu
en arrivant. Le fumet du vin ,
joint aux diverses sensations
qu'elle éprouvait , forcèrent madame Dutonneau à sortir un instant. Madelaine voulut la suivre ,
craignant qu'elle ne se trouvât
indisposée ; mais , en femme qui
a l'esprit bien fait , elle prit de
travers les attentions de sa fille ;
et un tu te f*** de moi , force
Madelaine à se taire et à rester
à sa place. Madelaine était sensible ; elle se mit à pleurer : quelle
belle occasion pour Fanfan ! Il
console sa belle, applique sur ses
lèvres , plus vermeilles que la
liqueur de son verre , un baiser
brûlant. O astre de mon exis-

tence! lui dit-il, mettez une suspension à ce torrent de pleurs dont mon ame est submergée : c'est votr' mère ; la nature doit lui passer un petit moment de vivacité ; croyez que l'amour saura vous éviter dorénavant de semblables tribulations. En tenant ce discours, mons Fanfant tenant.... une main, son autre bras pressait fortement la taille élégante de Madelaine. Le premier baiser avait été suivi de vingt autres, sans que Madelaine ait pu s'en défendre. Cadet, voyant le moment propice, s'esquiva, et fut trouver madame Dutonneau, qui était, par un excès d'intempérance..... Mais retournons dans le cabinet. Restée seule avec Fanfan, Madelaine se voit exposée à toute sa témérité ; mais, ne voyant que l'effet d'un chaud amour, elle le reprend doucement : Sois donc sage, lui dit-elle, puisque l'hymen doit te rendre avant peu l'adjudicataire de ma personne : pourquoi vouloir empiéter sur l'marché ?... Que fais-tu ?.... J'vas me fâcher. Fanfan n'était pas homme à s'arrêter à de semblables menaces : Cher tendron, vois ma souffrance ; d'puis six mois j'dessèche auprès du feu d'tes regards ; tu es z'amoi, qu'timporte qu'je prenne un acompte.... Il avait en effet dérangé la bavette du tablier de Madelaine, et sa main téméraire allait.... O ciel ! la porte s'ouvre avec fracas. Un homme, poussé brusquement par deux femmes, tombe à la renverse sur

la table ; la table tombe sur les
genoux de Fanfan et de Madelaine, et les verres, les bou-
teilles roulent à terre. Cadet se
relève et veut se sauver ; càr
c'était lui; mais madame Dutonneau
l'arrête. L'autre femme, comme
une furie, saute sur Fanfan et le
prend à la gorge. Vil mécréant,
lui dit-elle, v'là donc comme tu
fais toujours des tiennes. Madelaine s'écrie: c'est toi, Fanchonnette!
— Oui ma petite, c'est moi qui
viens pour t'empêcher d'tumber
dans les griffes dé ce vautour :
quoiqu'tu sois ma rivale, j'n'ai pas
voulu qu'il te jouât, comme il
a joué Laplanche, Suzon, Javotte,
moi et tant d'autres du marché
aux légumes, de la Halle à la
viande, et de la place des Inno-

cens. Tant qu'j'ai cru qu'il te con-
voitait pour l'mariage, j'me suis
cousus la parole; mais l'chien
voulait t'avoir sans payer le sa-
crément : drès qu'j'ont t'été ins-
truite d'ses projets, j'ne l'on pas
perdu d'vue; j'l'ons laissé v'nir ici;
j'm'y suis rendue, j'ons rencontré
ta mère à la porte, et en la voyant
un peu paffée, j'n'ai pu douter
d'la noirceur de c'pilier du pilori :
deux mots ont suffi pour la mettre
au fait et la dégriser. J'avons ac-
couru, et j' dis qu'il était tems.
Madelaine baissa les yeux; Fanfan,
honteux d'être pris dans son piège,
voulut articuler quelqu'excuse;
mais la mère Dutonneau, les deux
poings sur les côtés, ne lui laissa
pas le tems de parler. Méchant
Rouget, lui dit-elle, si j'n'écou-

tais qu'la colère d'eun' mère jus-
tement suffloquée par la rage!
Tiens...; mais, non; l'écot est payé,
filoŭs. Et toi, mauvais roccom-
modeux d'parasols, dit - elle à
Cadet, si jamais j'te vois à ma
place, j'te fais faire un plongeon
dans le ruisseau de la rue
de la Cossonnerie. A ces
mots elle entraîne Madelaine et
sort avec elle, suivie de Fanchonnette; celle-ci ne put se dis-
penser de féliciter madame Dutonneau sur sa retenue. A vot'
place, lui dit-elle, j'l'aurais étran-
glai : mais vous avez été, prudente.

Cette nouvelle est bientôt ré-
pandue dans toute la halle. Les
uns raillent Fanfan sur ce qu'ils
appellent sa mal-adresse; d'autres

le blâment sur son entreprise; les femmes, celles qui ont à se plaindre de Fanfan, jettent la pierre à Fanchonnette; mais celle-ci leur répond qu'elle a l'habitude de mettre une pierre *à l'endroit* où elle a failli se blesser, afin d'avertir les autres du danger qu'il y la. Madelaine, pendant ce tems, la maigrissait à vue d'œil, et quand elle ne pleurait pas, on l'entendait chanter les couplets qui commencent cette histoire attendrissante, ou bien ceux-ci :

Un ingrat m'abandonne,

Ou celui-ci :

Fiez-vous, aux vains discours des hommes.

Ou bien :

Mais le meilleur en vérité,
Ne vaut pas une de nos larmes.

Ou :

Ah, bon Dieu ! que je l'ai échappé
belle.

Ou :

Cœur infidèle, cœur volage.

Cependant, toutes les marques
apparentes de ce dépit n'étaient
pas sincères. Fanfan était toujours
aimé, quoiqu'il fut bien coupable. Mais monsieur, au lieu de
paraître repentant, affectait un
ton impertinent ; il passait vingt
fois le jour devant la place de
Madelaine, et même il eut l'impertinence, une fois, de venir
manger des huitres au cabaret,
et de se les faire ouvrir par
Madelaine. On ne savait pas
comment cela eût fini, sans l'amitié vraiment héroïque de Fanchonnette : sa conduite au Petit-

Moulin l'avait rendue chère à
Madelaine; elles se voyaient tous
les jours, et toutes deux se con-
taient leurs peines : celles de
Madelaine étaient bien plus fraî-
ches et plus vives. Elle n'avait
pu celer à Fanchonnette l'amour
qui la tracassait pour Fanfan.
Fanchonnette va le trouver un
matin et lui dit, en deux mots,
l'objet de sa visite. Fanfan veut
jouer l'homme d'importance; mais
Fanchonnette, qui ne veut pas
en avoir le démenti, lui répli-
que avec ce feu qui caractérise
la véritable amitié : Dis donc, méchant barbillon, tu fais ton queux-
un, j'crois : songes donc que Madelaine vaut mieux dans son petit
doigt que toi dans tout ton corps;
et c'est ben d'l'honneur qu'alle te

fait, d'après ton escarpolade surtout. Mais on veut bien oublier
l'passé, à condition , c'pendant,
que tu mettras d'l'eau dans ton
vin, et qu'tu iras d'mander pardon à Madelaine d'tes imperti-
nences. Fanfan voulut encore
continuer son rôle, mais Fanchonnette lui ajoute: J'n'ai pu qu'un
mot z'ate dire, ou tu m'payeras
les cinquante écus qu'tu m'dois,
quand je t'ai mis dans ta chambre, et qu'tu reconnais avoir reçu
de moi, comme ta pataraphe l'cer-
tifie; et cela pas pu tard , que
tout à c't heure; ou t'yras sur
l'coup tems faire c'que je veux
d'toi. Cruelle, reprit Fanfan, si
j'refuse, c'n'est qu'pour toi. —
Eh laisses donc! J'crois ça comme
y'pleut du boudin. Quand ça se-

rait, j'renonce à toi. Madelaine
est mon amie; elle est nipée comme
y faut; elle a d'la vaiselle de
poche; elle t'aime; c'est elle que
tu dois épouser. Songe qu' si,
dans une heure, tu n'a pas été
faire amende-honorable aux pieds
d'ses charmes, j'vais trouver
monsieur Griffonet, et j'tenvoyons
siffler la linotte en cachemite
jusqu'à ce qu'tu m'aies payée.
Ces menaces firent autant que
la fortune de Madelaine. Fanfan
promet qu'avant une heure il
sera à la place de la belle qu'il
a outragée; qu'il lui demandera
pardon, et se livrera à sa discré-
tion. Fière de cette promesse,
Fanchonnette court prévenir Madelaine de ce qu'elle vient de
faire. Madelaine peut à peine en

croire son amie : mais soudain
elle voit venir à elle une trentaine
de femmes qu'elle reconnaît pour
être de ses compagnes. Un homme
est au milieu du grouppe ; cet
homme, c'est Faufau : en sortant
de chez lui, il s'était vu tout-à-coup
assailli par toutes les marchandes
que Fanchonnette avait prévenues.
Arrivé à la place de Madelaine,
le cortège s'arrête : il s'ouvre en
deux, et Fanfan, d'un air de pénitent
violet, se prosterne aux pieds de
Madelaine : Vous voyez, lui dit-
il, le plus grand malheureux de
la halle ; je vous ai manqué ; je
me soumets à la punition qu'il
vous plaira de m'infliger ; j'n'ose
espérer mon pardon ; mais si vous
m'l'accorder, j'jure à la face de
ces dames, et sur cette douzaine

d'huîtres qu'vous v'nez d'ouvrir,
de vivre votre esclave, et de le
rester jusqu'à ce que le sort me
laisse faire le plongeon.

Ce serment, l'air pénétré du
coupable, l'amour qui parlait dans
son cœur, tout enfin séduisit
Madelaine; elle promit d'oublier
le passé, si madame Dutonneau
révoquait la défense qu'elle avait
faite à sa fille, de ne plus songer
à Fanfan. Fanchonnette courut la
prévenir de ce qui se passait; elle
arriva, et ayant fait une semonce
à Fanfan devant toute l'assemblée,
elle l'embrassa et le nomma son
gendre.

Bien des femmes vont dire que
Madelaine courait des risques en
épousant un homme de ce carac-
tère-là. Je suis de cet avis; mais

Madelaine l'adorait. L'avenir prouva qu'elle fut bien revenue de ses erreurs : Fanfan devint le meilleur mari de la halle; il ne croyait que ce que sa femme voulait qu'il crût. Aussi dit-on que, par la suite, elle lui en fit voir de dures. Fit-elle mal? fit-bien? peu m'importe; je répète ce qui m'a été dit : me croira qui voudra.

FIN.

LARCIN

COMMIS AU PALAIS-ROYAL.

Au voleur! au voleur! L'avez-vous vu passer? Est-il passé de ce côté? Voilà ce que l'on disait un soir dans une des galeries de bois du Palais-Royal. Voyant beaucoup de monde attroupé, je m'approche, j'interroge une jeune et jolie marchande, et voici ce qu'elle me dit : Vous voyez ce magasin de modes; il y a environ deux mois qu'une demoiselle de Verdun y est débarquée : Céphise est son nom. Elle est venue à Paris pour prendre connaissance des modes et des usages du monde : sa mère lui avait donné quelques notions sur la capitale ; bref, la demoiselle arrive chez madame Papillon, son paquet sous le bras, et un *petit coffre qui renfermait le plus beau trésor du monde.*

Air : Mon secret ne m'appartient plus.
Douceur, innocence et vertus ;
Dix-sept printems, voilà son âge ;
Elle sait lire ; elle est très-sage ;
Mais elle ne sait rien de plus.
Tout plaît, tout intéresse en elle :
Hélas ! admirez sa candeur !
Malgré ses roses, sa fraîcheur,
Elle ignore encor qu'elle est belle.

D'après les conseils de madame Papillon, Céphise veut prendre des maîtres qui l'instruisent ; elle en fait chercher, plusieurs se présentent ; mais ils mettent leurs soins à un prix si haut qu'elle en est épouvantée.

Air : Du Ballet des Pierrots.

Elle marchande, elle s'écrie :
Hélas ! tout est cher à Paris.
Petit ou grand, chaque génie
Ici, lui dit-on, à son prix.
Pour la gloire, Virgile, Homère.
Montaient leur lyre. Maintenant
A la gloire un auteur préfère
Vivre et travailler au comptant.

Il fallait donc que Céphise
restât ignorante ou qu'elle payât.
Elle voulut avoir du talent : un
maître plus raisonnable se pré-
sente ; mais le traître :

Air : Vaudeville de l'Avare et son ami.

Sous un dehors franc et sincère
Il portait un cœur perverti ;
Et de sa crédule écolière
Il sut tirer un bon parti.
La pauvrette, sans défiance,
Se livre à l'étude si fort,
Qu'elle perd, hélas ! son trésor
En acquérant de la science.

Comment cela s'est-il fait! Je l'ignore. Céphise pleure, fait courir après le voleur. Une de ses compagnes, qui a une vaste connaissance des hommes, lui dit:

Air : Consolez-vous avec les autres.

Lorsque fille vient à Paris,
Elle doit, étant vertueuse,
Fuir tous ces jeunes érudits
Dont l'éloquence est dangereuse.
J'eus comme vous pareil destin,
Et mes chagrins furent les vôtres;
Il faut désormais, c'est certain,
Vous consoler avec les autres.

Céphise ne comprit rien à cette morale ; elle fit continuer ses poursuites ; elles furent toutes infructueuses : cependant, pour faciliter l'arrestation du ravisseur, voici les renseignemens bien positifs qu'elle donne sur l'objet qu'elle a perdu :

AU PALAIS-ROYAL.

Air : Au sein d'une fleur tour-à-tour.

Chef-d'œuvre de goût, de beauté,
Cet objet, dans la capitale,
Par sa belle simplicité,
N'a rien, peut-être, qui l'égale.
On peut, dès le premier regard,
Le reconnaître à sa structure.
A ses formes on voit que l'art
Fit moins pour lui que la nature.

~~~~~~

Ce *coffre*, ouvrage de l'amour,
Fut formé par la main des grâces :
De ses jointures, tout autour,
On chercherait en vain les traces.
Pour mettre ce joli coffret
A l'abri des coups d'un faussaire,
L'amour l'a fermé d'un secret
Qui seul est connu du mystère.

F I N.
~~~~~~